에릭 호일

교사의 역할

에릭 호일 **교사의 역할**

초판 인쇄　1986년 07월 20일
개정판 발행　2019년 10월 15일

지은이　에릭 호일
엮은이　안상원
펴낸이　김진남
펴낸곳　배영사

등　록　제2017-000003호
주　소　경기도 고양시 일산서구 구산동 1-1
전　화　031-924-0479
팩　스　031-921-0442
이메일　baeyoungsa3467@naver.com

ISBN　979-11-89948-03-0 (93370)
잘못 만들어진 책은 바꾸어 드립니다.

정가 9,000원

에릭 호일

교사의 역할

Eric Hoyle 저
안상원 역

배영사

편집장의 머리말

　초등학교와 중등학교에서 근무하고 있는 교사는 현재 약 35만 명이나 된다. 얼마 안 가서 50만 명이 될 것이다. 여기에 고등교육기관에 있는 사람들까지 포함시킨다면 숫자는 훨씬 더 많을 것이다. 사실, 교사는 우리 사회에서 수적으로 가장 많은 직업 가운데 하나이다. 그러나 수가 많고 매우 중요함에도 불구하고 사회 과학자들이 별로 관심을 기울이지 않았던 것도 사실이다.

　이 책에서 호일(Eric Hoyle)은 교실, 학교, 사회에서의 교사의 역할을 교육 사회학자가 어떤 방법으로 분석하고 기술해야 하는가를 보여주고 있다. 현재까지의 교사의 역할에 관한 연구는 주로 현장조사의 결과를 보고한 것이거나, 단편적인 논문들이었다.

이 책에서 취급한 해석이나 개념적인 설명은 교사의 역할을 체계적으로 분석하는 데 도움을 줄 것이다. 따라서 교사나 교육학자에게 매우 가치 있는 연구가 될 것이다.

윌리암 테일러

차례

편집장의 머리말 / 5

1. 문화적 견지에서본 교사의 역할

(1) 원시사회에서의 학습 ································· 13

(2) 사업사회의 영향 ································· 24

(3) 결론 ································· 27

2. 산업사회에서의 교사의 역할

(1) 교사의 역할에 관한 가치적 배경 ················· 35

(2) 교육집단의 이질성 ························· 45

(3) 가치의 갈등과 모델로서의 교사 ··············· 51

(4) 학생에 대한 교사의 지도방침에 영향을 주는 사회적 압력 ······ 58

(5) 결론 ································· 63

3. 학교 안에서의 교사

(1) 교사의 기본적인 역할 ······································· 75

(2) 교장의 역할 ·· 79

(3) 학교 안에서의 전문적인 역할 ······················· 84

(4) 학교 안에서의 직업적인 역할 ······················· 87

(5) 학교 안에서의 비형식적인 역할 ··················· 90

(6) 교사의 역할수행에 방해되는 요인 ··············· 92

(7) 결론 ··· 96

4. 교실 안에서의 교사

(1) 교사의 부수적인 역할 ······························· 99

(2) 교사의 지도자로서의 역할 ······················· 102

(3) 교수방식 ·· 106

(4) 결론 ·· 113

5. 교사와 대중

(1) 영국과 미국의 교사와 지역사회 ················· 117

(2) 대중의 교사상 ··· 121

(3) 교사와 부모간의 관계 ······························· 127

(4) 결론 ·· 131

6. 전문가로서의 교사

(1) 전문직의 기준 ·· 135

(2) 전문적인 지위의 장해요인 ·· 141

(3) 교직의 특수한 문화 ··· 147

(4) 교수경력 ··· 148

(5) 결론 ·· 150

후기 / 151

중요관계문헌 / 154

참고문헌 / 157

역자후기 / 167

제1장

문화적 견지에서
본 교사의 역할

문화적 견지에서 본 교사의 역할

이 책의 중요한 관심사는 교사의 역할에 관한 것이다. 교실, 학교, 지역사회를 중심으로 교사의 역할을 살펴보려고 한다. 이러한 논의를 전개하기 전에, 먼저 산업사회 이전의 교사의 역할과 영국과 같은 산업사회에서의 교사의 역할을 비교해 보는 일이 매우 유익할 것 같다. 어느 사회 어느 시기를 막론하고, 교사는 공통적인 문제에 접하게 된다. 그러나 산업화로 인해서 교육제도는 새로운 기능을 수행하게 되었고, 교사의 역할은 변모하게 되었다.

(1) 원시사회에서의 학습

아동은 태어나면서부터 그 사회의 생활방식을 배우게 된다. 그는 기대되는 행동방식을 배운다. 이러한 기대는 사회의 가치체계를 형성하기 때문에 아동은 이를 내면화하여 자기의 것으로 만든다.

이러한 가치들은 집단문화의 중요한 요인 가운데 하나이다. 또한 아동은 문화의 다른 내용들을 습득한다. 언어, 관습, 신념, 도구의 사용방법, 제도의 운영, 문학, 음악 등, 그는 관찰하거나 모방하거나 참여함으로써 은연중에 이러한 문화들을 습득한다. 또한 기대에 벗어난 행동을 했을 때는 비난을 받게 되고, 성공적으로 학습을 했을 때는 인정을 받는다. 그는 어른들로부터 직접 행동방식을 배우기도 한다. 그러나 원시사회에서는 아동을 가르치는 역할을 수행하는 교사가 없었다. 아동은 사회화의 과정을 통해서 문화에 관한 지식을 얻는다. 그러므로 이러한 사회에서 사회화는 교육과 비슷한 의미를 갖고 있는 것이다.

다시 말해서 원시사회에서는 배우는 일은 있으나 가르치는 활동은 거의 없다. 이러한 사회에서 청년기 이전의 사회화와 그 이후의 사회화는 명확하게 구분된다. 사춘기 이전까지 아동은 비형식적인 방법으로 문화를 습득한다. 그러나 청년기의 사회화는 통과의식과 같은 예식을 통해서 보다 형식적인 방법을 취하게 된다. 이러한 시기에 아동은 보다 형식적인 방법으로 그가 소속하고 있는 사회의 문화를 배우게 된다. 그는 자기 종족의 역사, 종족이 섬기고 있는 신의 특성, 전설이나 설화 등을 배운다. 그는 통과의식을 치르면서 적절한 역할들을 배우게 된다. 이 의식은 종족문화의 신성함이라든가, 성인문화와 청년의 행동을 일치시키려는 노력을 강조하게 된다. 의식을 수행하는 경우, 올바르게 역할을 수행해야 한다. 전통이나 확고부동한 생활방식이 강조된다. 그러나 몇 가지 예외적인 것을 제외하고는, 실제적인 기술이나 생활을 영위하는 방법은 원시사회에서 가르쳐지고 있지 않다. 가치를 전달한다거나, 의식을 통해서 가치를 가르치는 일이 사회화 과정의 중심 내용이었다. 아동교육에서 다른 문화적인 요인들은 매우 우발적인 계기를 통해서 학습되었다. 이와 같은 상황을 인류학자인 하트는 다음과 같이 논평하고 있다.

"사냥, 가축을 기르는 방법, 낚시와 같은 것들은 통과의식을 통해서 배우는 것이 아니다. 아동은, 이미 통과의식을 거치기 전, 가정에서 단편적으로 배운다. 이것은 매우 놀라운 사실이다. 왜냐하면 이들은 대부분 기아선상에서 허덕이며 생활하고 있고, 그들의 생활이란 환경에 대처하여 생명을 유지하는 정도에 머물고 있기 때문이다. 이들의 문화는 경제적인 결정론과 상당히 동떨어진 것이었다. 식량을 생산하는 데 있어서, 그들은 우발적이고 자유방임적인 방식으로 부모나 친구 혹은 동료 집단을 통해서 생산 방식을 가르치고 있었다. 아동을 성인으로 육성하기 위해서 인간이면 누구나 알아야 할 것들을 가르쳐야 하며, 경제적으로 생존을 하기 위해서는 필수적인 일임에도 불구하고 더 나은 농부나 어부가 되도록 가르치는 데는 별로 관심을 갖지 않았다."

이와 같이 사회화의 과정을 통한 가치의 전달이 강조된 데 반해서 교육의 경제적 기능이 비교적 소홀했다는 점은 산업사회의 교육이 갖는 기능과 매우 대조적이다. 교사의 명확한 역할은 없었고, 통과의식과 관련지어 가르치게 되는 일은 소수의 종족 구성원들뿐이었다. 통과의식의 신성함이나 비교적 쉬운 사춘기 이전의 사회화와 구별 짓기 위해서, 가르치는 사람은 흔히 소년을 잘 모르는 낯선 사람인 경우가 많았다.

이상과 같은 원시사회의 사회화에 관한 설명은 지나치게 단순화한 감이 있다. 사실 원시 사회에는 교사가 없다는 말에는 몇 가지 예외가 있었다. 서부 아프리카의 몇몇 지역에 임야학교가 설립되었다. 이 비밀단체에 소년과 소녀들이 들어갔다. 이 학교는 종족들이 사는 곳에서 멀리 떨어진 숲에 위치하고 있었고, 지역에 따라서 유목생활을 배우는 기간이 일정하지는 않았지만, 대략 평균적으로 기간은 2년이었다. 이곳에서 아동은 종족의 신화와 역사, 사회적인 관계의 본질이나 종족의 예술 등을 배웠다. 집짓는 일이나, 동물을 잡기 위해 덫을 놓거나, 일상생활의 방법을 익힐 수 있는 기회를 제공했다. 특별히 재능이 있다고 보이는 아동에게는 특별한 기술을 가르쳤다. 이 학교는 교사에 의해서 감독되었고, 와킨스는 이들을 다음과 같이 설명하고 있다.

"그는 사회에서 당당한 지위를 가지고 있고, 족장의 존경을 받으며, 젊은이들로부터도 존경을 받았다. 그는 용감하고, 용맹하며, 법을 준수하고, 자비로워야 한다. 그는 예술, 공예, 학문에 대하여 충분한 지식을 갖고 있어야 하며, 역사나 전통을 이해함과 아울러 종족의 안정에 영향을 미치는 문제들에 관해서 진실 된 판단을 내릴 수 있어야 한다. 여러 분야의 활동에서 뛰어난 자라고 인정된 자는 조교로써 활동했다."

임야학교 교사의 지위는 매우 높다. 교사로서의 기술이 아니라, 종족의 가치를 실현할 수 있는 능력 때문에 그는 임명된다. 교사는 그가 아는 지식보다는 그의 행동에 의해서 평가된다. 그는 전문가로서가 아니라 종족의 이상적인 인물로써 존경을 받는다. 기술을 전달하는 일을 관장하기도 하지만, 그의 주된 임무는 훌륭한 구성원을 길러내는 일이다. 종족의 전통적인 가치를 전달하는 데 있어서, 그는 근본적으로 사회를 보존하는 기능을 수행한다.

명확하게 가르치는 역할이라고 부를 수 있는 역할이 생기게 된 것은 과도기적인 사회로부터 비롯되었다. 이러한 사회는 산업화되지는 않았지만, 원시사회보다는 훨씬 복잡하며, 노동이 분화되고, 사회집단의 계층이 분화되어 특권을 누리는 정도가 계층마다 서로 다른 사회이었다. 이러한 사회를 예로 들자면, 고대 이집트, 중국이나 인도제국, 이스라엘과 그리이스의 묘판사회 등이 있다. 이 사회의 중요한 특징 가운데 하나는 사회적으로 지위가 높은 엘리트는 학식과 교양이 있는 자들이며, 일반 대중이 접근할 수 없는 고급문화를 갖고 있다는 점이다. 이러한 사회에서, 교육의 사회적 기능 가운데 하나는 엘리트 집단의 문화를 전달하는 일이었다. 이러한 지식을 전달한 사람들은 교사였다. 그러나 이러한 역할은 승려, 철학자 혹은 학자가 부수적으로 수정했다.

인도에서는 구루(현명한 사람)가 항상 몇 명의 제자들을 대동하는 전통이 있었다. 아테네에서는 철학자인 교사의 전성시기가 있었고, 중세 유럽에서는 흔히 승려가 교사였다. 이와 같은 승려나 지식인들은 신자가 되려는 예비신자를 가르쳤을 뿐만 아니라 상류계층의 자제들도 가르쳤다. 왜 상류계층이 그들의 자제들을 학자들에게 맡겨 교육시켰는가 하는 이유는 여러 가지로 해석할 수 있다. 그러나 두 가지의 이유로 요약할 수 있다.

첫째로, 교육은 상류집단과 하류집단을 구별 짓는 근거였기 때문이다. 일반 대중이 알 수 없는 라틴어나 산스크리트어와 같은 언어를 통해서 이루어지는 교육은 이러한 예 가운데 하나인 것이다.

둘째로, 상류집단은 그들의 자녀가 사회의 전통적인 지식, 특히 현사회를 유지하는데 기여할 수 있거나, 정당화할 수 있는 가치들을 배우고자 했기 때문이다. 그러므로 지식을 전달하거나 지식인을 훈련하는 일은 사회의 지배적인 가치를 주입시키는 것과 불가분의 관계가 있다. 예컨대, 철학자이며 교사인 소크라테스가 겪었던 운명은 기존질서를 해친 사람의 표본이었던 것이다. 어떤 사회에서 교사는 학생을 가르치기 위해 가정을 방문했다. 그러나 학교가 설립된 곳에서 아버지는 교사가 적절한 가치들을 가르치고 있는지를 확인하려고 했었다.

아테네에서는 노예 가정교사인 파이다고고스가 소년들을 학교에 데리고 갔다. 그들은 소년이 공부하고 있는 동안 소년과 함께 앉아 있었다. 도어는 그가 쓴 『도꾸가와 시대 일본의 교육』이라는 책에서, 영주인 쇼오군이 그의 아들을 학교에 보냈다고 설명하고 있다. 아버지가 교육의 내용에 관해서 관심이 많았다는 것은 분명하다.

기술을 가르치는 것보다도 가치를 전달하는 데 주력했다는 사실은 고대 중국의 관리교육—흔히 직업적인 성격을 띠고 있었다고 생각하는—을 살펴보면 쉽게 알 수 있다. 상류계층 부모의 목표는 자식이 관리로 등용되는 데 있었고, 이는 행위를 지배하는 예절에 관한 지식을 획득함으로써 달성이 되었다. 과거시험은—오늘날의 학사, 석사, 박사와 같은 세 단계인데—매우 경쟁이 치열했다. 학생들은 관직을 얻는 데 실패했거나, 관직에서 은퇴했거나, 관직에 임명되기를 기다리는 동안 일시적으로 맡은 교사들로부터 배웠다. 장차 관리가 되려는 사람도 행정에 필요한 기술적인 지식을 배우지는 않았다. 그가 배웠던 것은 교양인으로서 갖추어야 할 예절에 관한 지식이었다. 교사로부터 그가 배우는 내용은 이(理)에 관한 지식이었다. 그러므로 관리는 전통적인 가치를 실현하였고, 교사의 임무는 전통적인 가치가 보수적이라는 점을 가르치는 것이었다. 원시 사회의 청소년들이 종족의 통과의식에 의해서 완전하게 되는 것과 마찬가지로, 장차 관리가 되려는 사람은 예절에 관한 지식에 있어서 완벽해야 한다. 회계와 같은 실제적인 지식은 사무원이 전담할 수 있었다.

이 장의 요점은 다음과 같다. 즉, 산업사회 이전의 사회에서, 교사의 역할이란 고급문화를 전달하거나 상류계층의 자녀들에게 특수한 가치를 전달하는 데 있다. 이러한 사실은 영국이 산업화되기 전, 교사의 역할을 역사적으로 고찰해 보면 더욱 분명하다. 교사의 주된 임무는 장차 상류인사가 될 학생들에게 고전이나 문학과 같은 고정적인 지식을 전달하는 것이었다. 흔히 교사는 승려였으며, 그래머 스쿨이나 퍼블릭 스쿨에서 배우는 것이 학생들의 일반적인 경향이었다. 학생들은 귀족의 자제이거나, 지주의 아이들이거나, 교회나 정계에서 전문적인 직업을 얻으려고 하는 전문가의 자제들이었다. 이러한 이유 때문에 라틴어는 필수였다. 전문적인 직업을 얻기 위한 준비였다는 점에서 직업교육이었다. 그러나 전문적인 직업훈련은 없었다. 기독교가 구현하려는 가치나 지배계급에서 일반적으로 용인되고 있는 가치를 전달하는 데 주력한 교육이었다. 이러한 전통은 오늘날 그래머 스쿨이나 퍼블릭 스쿨에서도 나타나고 있으며, 최근 급격하게 기술이 발전됨에 따라서 생기게 된 교육에 대한 지나친 기대 때문에 갈등을 보이고 있다.

퍼블릭 스쿨에서 교육을 받은 관리들은 앞에서 언급했던 중국의 관리양성 교육과 유사하다. 이러한 교육은 모두가 운영기술보다는 기본적인 가치를 전달하는 데 주력한 것이었다. 영국의 산업발전은 오히려 개인적으로 개발해 왔던 교육 내용의 결과였으며, 종교적인 이유 때문에 엥글로인 학교에 입학할 수 없는 자녀들을 위해서 18세기에 성립되었던 비국교도인 학교의 성과였다.

한스는 3가지의 동기, 즉 종교적, 지적, 공리주의적 동기 때문에 이러한 학교에서 과학이나 실제적인 기술을 가르치기 시작했다고 설명했다. 자연과학은 과학을 통한 신앙의 전파라는 원칙에 따라서 가르쳤다. 이 시기에 과학적인 지식이 크게 발전한 이유는 주로 개개의 학자들이 노력한 성과 때문이다. 그 결과 고전적인 교육내용이 다양화되는 전기가 되었다. 또한 사람들이 연속해서 발명을 하게 되자 항해술, 회계학과 같은 직업적인 교과내용이 첨가되었다. 여전히 학교의 교사와 운영자들 중에는 성직자들도 있었지만, 케임브리지나 옥스퍼드를 졸업한 학자들이 대부분이었다. 한스는 다음과 같이 설명하고 있다.

"하이드는 18세기 말과 19세기 초에 글루세스터쉬어의 스트라우드에 있는 학교를 설립했다. 영문법, 법학과 무역, 수학과 회계를 가르쳤다. 기하학, 삼각법, 기계공학, 대수, 광학, 미분, 수사학, 지리와 같은 과목을 가르쳤다."

이렇게 볼 때, 이 시기의 문화전달의 기능은 과학적인 요소와 직업적인 기술을 가르치는 데 관심을 기울일 정도로 확장되어 있었다고 말할 수 있다. 그러나 이와 같이 광범위한 교육 내용은 여전히 중류계층의 자녀에 국한된 것이었다. 그러나 교사의 역할은 그렇게 심하게 변화되지는 않았었다. 19세기의 학교 교육은 중류계층에게 적합한 것이었지만, 1870년의 교육법을 통해서 일반대중을 위한 초등교육 제도의 기초가 마련되었다. 그 결과 교사의 역할은 변모되었다. 여러 가지의 사회적인 압력 때문에 이 법안은 통과되었다.

민주주의 사회에서는 국민을 교육해야 한다는 믿음, 대중을 교육할 필요가 있다는 신념, 보다 많은 사람들이 성서를 읽을 수 있어야 한다는 생각, 아동의 사회화는 가정에서만으로는 완전하게 이룩될 수 없다는 인식, 사회의 정의를 실현하기 위해서는 보편적인 교육이 실시되어야 할 것이라는 생각들 때문에 이 법안은 통과되었다. 그러나 급격하게 산업화되고 있는 기간 동안에 사회는 문자를 해독할 수 있는 사람들이 많이 필요하다는 점을 깨닫게 된 것은 매우 의의가 있었다. 이 법안을 소개할 때, 호스터는 다음과 같이 설명했다.

"산업이 번창하는 것은 초등교육의 발전에 의해서 결정된다." 그러므로 교육은 새로운 기능을 한다. 교사의 역할이 어떻게 영향을 받았는가를 이해하기 위해서 산업화의 과정에서 생긴 사회변동을 간략하게 살펴볼 필요가 있다.

(2) 산업화의 영향

먼저 숙련된 인력의 수요가 증가되는 현상을 우리는 볼 수 있다. 산업혁명의 결과로 숙련 기술자의 수요가 급증되었다. 또한 반숙련공이나 노동자의 수요가 증가되었다. 이러한 경향 때문에, 글자를 해독할 수 있는 교육, 다시 말해서 초등교육이 매우 필요 적절한 것이었다. 그러나 산업화가 진행됨에 따라서 모든 종류의 직업에서 기술을 요구하게 되었고, 교육은 경제와 밀접한 관계를 맺게 되었다. 일반적인 기술을 향상시키는 것 외에도, 교육은 전자공학과 같은 새로운 산업의 발전에 기여할 수 있도록 보다 광범위한 기술을 가르치는 일을 수행해야 하게 되었다. 또한 기술의 정도에 의하여 개인의 지위가 향상됨에 따라서 노동의 분화와 구분이 생기게 되었다. 이러한 변화 때문에 학교의 기능과 교사의 역할은 많은 영향을 받았고, 선발과정과 분화과정의 중요성은 더욱더 강조되었다. 또한 아동들은 장래의 직업과 일치하는 교육을 받게 되었다. 학교는 노동자계급 출신의 똑똑한 아동이 자기 아버지의 지위보다도 더 높은 지위를 얻을 수 있는 사회, 직업적인 이동의 통로였다는 것은 사실이다. 그러나 이러한 사회적인 이동이 보편적인 것이 되었으며, 시험제도가 확립 발전됨과 아울러 다른 여러 가지 직업을 얻을 수도 있게 되었다. 사회적인 분화가 기술적인 능력보다는 사회적인 배경에 의해서 결정되었던 산업사회 이전의 사회와는 아주 대조적인 현상이다. 이와 같은 경향 등은 미카엘 영이 쓴 『실적주의의 형성』이라는 책에서 풍자적으로 잘 묘사되었다.

산업사회의 교육에 영향을 준 두 번째 특징은 '관료화'의 압력이다. 산업화과정의 결과로써, 종전에는 가정에서 수행했던 많은 기능들을 국가가 이양하는 경향이 나타났다. 동시에 공장, 병원, 학교와 같은 사회조직의 규모가 커지는 경향을 보이게 되었다. 관료주의라는 말은 흔히 '형식 절차에 얽매인'이라는 것과 같은 의미로 사용되는 것처럼 경멸조의 의미로 사용된다. 그러나 관료주의에 관한 유명한 학자인 베버는 이 말이 대규모적인 조직의 필연적인 특징이며, 모든 산업사회의 필연적인 경향이라고 논평했다. 규모가 커지고 전문화됨에 따라서 학교는 관료화되며, 그 결과로 학교의 본질은 변모되고 문화를 전달하는 데 있어서 새로운 문제가 생기게 된다.

셋째로, 교통수단의 혁신, 분업의 다양성과 복잡성, 그리고 사회적 이동의 증가 때문에 교육의 과정에 대한 사회적인 영향력이 가중되었다. 모든 성인들이 선거에 참여한다는 사실 때문에 정치 사회화에 대한 학교의 역할이 문제시되게 되었다. 사회화의 수행기관인 가정이나 지역사회의 기능은 변모되었으며, 기능의 일부는 학교가 맡게 되었다. 대중전달 매체는 학교교육에 지대한 영향을 주었다. 이와 같은 사회변동의 의미는 이 책의 여러 부분에서 논의될 것이다. 그러므로 여기에서 우리는 단지 이와 같은 사회변동이 교육에 많은 영향을 주었다는 점만을 이해하면 족하다.

(3) 결론

산업사회 이전에서부터 산업사회까지의 교사의 역할의 변화는 다음과 같이 요약할 수 있다.

산업사회 이전의 사회에서 교사는 주로 가치의 전달에 관심을 기울였다. 기능을 가르치는 것은 매우 우발적인 것이었다. 그러나 산업사회에서 교사는 아동이 직업적인 역할을 준비하도록 도우며, 직업은 가정적인 배경에 아직도 영향을 받지만 재능에 대해서 더욱더 개방적인 속성을 띠게 되었다.

산업사회 이전의 사회에서 교사는 주로 전통적인 지식을 전달하였다는 점에서 보수적인 기능을 수행했었다. 그러나 산업사회의 교사는 어느 정도는 보수적인 기능을 수행하고 있지만 과학기술의 발달로 인해서 계속적인 혁신을 필요로 하게 되었다. 오늘날 우리 사회가 요구하고 있는 것과 같은 폭넓은 기능을 습득할 수 있는 개방적인 교육의 필요성이 증가되었다. 이와 같은 혁신은 가치적인 측면도 해당된다. 부모는 교사를 전통적 가치의 보존자로 간주하고, 이러한 기대는 충족된다. 그러나 사회변동 때문에 가치는 변화될 수밖에 없다. 여러 사회집단은 그들 나름대로 서로 다른 가치를 지지하고 있기 때문에 이러한 기대는 충족될 수 없다. 산업사회 이전의 사회에서, 전달되고 있는 가치는 상류계층의 가치이며, 교사에 의해서 명확히 알 수 있는 것들이었다.

교사의 관심은 상류계층에서 대중으로 변모되었다. 오늘날 우리사회에서, 그래머 스쿨을 제외한다면, 교사는 지원자를 모두 받아들여야 하며, 교사의 권위는 자신의 능력에 의해서 확보된다.

학습을 중시하는 것으로부터 가르치는 것을 중시하는 방향으로 변모되었다.(직접적인 방법으로 가르치는 것보다는 학습상황을 마련하는 데 더 많은 관심을 교사들이 기울인다는 점은 인정하지만) 산업사회 이전의 사회에서 교사는 학자나 종교인들이었다. 이들은 어떤 특정한 가치들을 실현했기 때문에 존경을 받았고, 학생들은 교사의 특징을 배우기 위해 교사를 찾았다. 산업사회에서는 교육의 양적인 팽창과 전문교사의 수적인 증가로 인해서 가르치는 기술이 더 강조되고 있다.

산업사회에서는 지식이 폭발적으로 증가함에 따라서 교사는 가르치는 내용을 선별해야만 하게 되었다. 더군다나, 이러한 지식의 증가는 '민주화'와 더불어 진행되었던 것이다. 종래에는 지식을 무언가 '신성한 것'으로 간주했기 때문에 지식을 널리 전달할 필요가 없었으나, 오늘날에 와서는 교육을 통한 지식의 전달은 무제한한 것이 되었다. 이러한 경향 때문에, 지식을 전달하는 데 있어서 궁극적인 종착점은 없다는 점에서 교사의 역할은 영향을 받고 있다.

아직도 상당히 많은 제약이 있기는 하지만, 고정적인 내용에서 벗어나서 교사들 스스로가 자유롭게 내용을 조직하려는 움직임이 진행되고 있다. 이와 같은 상황을 원시사회와 비교해 미이드는 다음과 같이 기술하였다.

"오늘날 우리 사회의 교육과 원시사회의 교육과는 몇 가지 두드러진 차이점이 있다. 아마도 가장 중요한 차이점은 모든 사람이 다 동의하는 것을 개인이 배우려고 한다는 것으로부터 벗어나서 여러 가지의 내용을 가르치려고 한다는 점이다."

이와 같은 변화의 중요성은 다음 장에서 논의될 것이다.

제2장

산업사회에서의
교사의 역할

산업사회에서의 교사의 역할

우리는 산업사회에서의 교사의 역할과 사회적 기능을 다음과 같이 요약할 수 있다.

교수(敎授)

교사는 아동의 요구와 능력에 알맞은 지식과 기술을 전달한다. 그는 직접 가르치거나 학습할 수 있는 분위기를 조성함으로써 이러한 기능을 수행한다. 가르치는 자로서의 역할이 가장 명확하고 보편적인 교사의 역할이다.

사회화(社會化)

교사는 아동이 사회생활에 참여하도록 도와준다. 이러

한 과정에는 가르치는 활동이 뒤따른다. 그러므로 문자를 이해하는 것은 사회와 과정의 중요한 요인이라고 생각할 수 있다. 또한 사회의 가치나 규범은 어느 정도는 직접적으로 배울 수 있다. 그러나 교수(教授)와 사회화(社會化)는 가치나 규범을 전달하는 데 있어서 완전히 동일한 것은 아니다. 사회화 과정의 기초인 가치나 규범의 전달은 명백한 교수활동을 통해서 이루어지는 것은 아니다. 흔히 가치는 터득되는 것이지 가르쳐지는 것은 아니라고들 말하는데, 이것은 가치란 교사와 학생이 상호작용을 하는 과정에서 은연중에 습득된다는 점을 시사하는 것이다. 특수한 가치를 아동이 내면화하도록 하는 능력은 어느 정도는 교사 자신이 이러한 가치를 표현할 수 있는 능력에 의해서 결정된다. 그러므로 이에 적합한 역할은 모델로서의 교사인 것이다.

평가(評價)

교사는 아동이 사회적 역할이나 직업적 역할을 준비하도록 돕는 데 있어서 지적 혹은 사회적 능력을 기초로 아동을 분류한다. 이에 적합한 역할은 '판정자(判定者)로서의 교사'인 것이다. 교사는 실력을 향상시킬 것을 권유하거나, 외부에서 시험을 치르도록 하거나, 학생이나 부모와 진학에 관해서 상담을 하거나, 취업에 관해서 논의한다. 교사의 판단은 매우 중요하다. 왜냐하면 아동들은 어느 정도는 교사가 그들에 대해서 갖고 있는 기대에 부응하려고 한다는 점에서, 교사의 판정은 '자아실현을 위한 예언'의 기능을 한다. 그러므로 총명한 아동은 더 총명해지고, 우둔한 아동은 더 우둔해지며, 착한 아동은 더 착하게 되고, 악한 아동은 더 악하게 된다.

유아기(幼兒期)의 사회화에서 교사의 기능은 매우 중요하다. 유아를 담당하는 교사는 기본적인 사회적 행동을 가르치고, 문자나 숫자에 관한 기초지식과 일반적인 지식의 중요한 요소들을 전달하는 데 관심을 기울여야 하며, 학생이 학습능력을 향상시키고, 학습의 가치를 인정하도록 도와주어야 한다. 이러한 과정은 초등교육에도 계속된다. 그러나 이 단계에서는 교수와 평가가 더 중요하다. 중등학교 단계에서, 사회화가 청소년을 가르치고 있는 교사들의 중요한 과제임에는 틀림이 없지만, 교수와 평가의 중요성은 더욱더 명백해진다.

교사는 복리를 증진하거나 자율성을 기르는 것과 같은 사회적 기능을 수행하기도 하지만, 이 장의 주된 관심사는 앞에서 설명한 세 가지의 기능을 수행하려고 할 때 교사가 직면하게 되는 문제들을 검토하는 것이다. 우리는 다음과 같은 문제들을 차례로 검토하려고 한다. 즉, 교사가 임무를 수행하는 과정에서의 가치적인 변화, 같은 학교에서 서로 다른 사회적인 환경에서 자란 아동들을 가르침으로써 생기는 제반문제와 모델로서의 교사가 직면하게 되는 문제점, 그리고 마지막으로 교사가 자신의 업무에 대한 태도를 수정하게 되는 몇 가지 압력에 관해서 살펴보려고 한다.

(1) 교사의 역할에 관한 가치적 배경

어느 시대나 사회는 정치, 경제, 종교, 교육 등과 같은 주요 제도를 통해서 형성된 가치 체계의 영향을 받는다. 이러한 가치들은 고정적인 것이 아니므로 교사는 가치가 변동되는 시기에 어려움을 겪는다. 현재 영국의 교사들에게 영향을 주고 있는 가치의 변동을 고찰하려고 할 때 미국인들의 상황과 비교하는 것은 도움이 될 것이다. 미국 사회는 평등과 성취의 가치가 널리 보급되어 있는 데 반해서, 영국 사회는 엘리트의식(즉, 소수의 개인이 다수의 대중보다 일반적으로 우월하다는 믿음)과 귀속주의(즉, 개인의 성취능력보다는 출신이나 부(富)에 의해서 결정되는 지위를 강조하는 경향성)에 의해서 지배된다고 하는 제안을 한 적이 있다. 그러므로 영국 사회는 미국 사회와는 정반대의 가치가 널리 퍼져 있다. 이러한 가치들은 양국의 교육제도에 의해서 형성된 것이라고 주장하는 것이 일반적이다.

평등주의는 과거 영국의 교육제도에 거의 영향을 주지 못했다. 지역사회에 근거를 둔 미국의 교육제도와는 달리 영국의 국가 교육제도는 상부에서 하부에 명령 혹은 전달되는 것이 특징이었다.

여러 종류의 중등학교에(사회계층에 따라서) 아동은 입학을 했으며, 학교는 계층을 수정한다기보다는 계급의 구조를 더욱 공고히 하는 역할을 했다. 초등학교에서는 여러 계층의 자녀들을 모두 교육시켰다. 그러나 초등학교의 중요한 기능 가운데 하나는 중등학교에 입학할 아동을 분류하는 것이었다. 그러므로 평등은 거의 고려되지 않았었다.

퍼블릭 스쿨에 근무하는 교사의 역할 가운데 하나는 똑똑한 아이들이 보다 높은 사회적 지위를 얻도록 도와주는 것이었다. 그래머 스쿨에 근무하고 있는 교사의 역할은 대학에 입학하도록 격려하여 상류계층으로 성장할 수 있는 기회를 마련해 주는 것이었다. 모던 스쿨에는 거의 모든 사람들이 다닐 수 있었기 때문에 학생의 교육수준을 높이는 데 기여를 하였다고 할 수 있다.

단선형(單線型) 교육제도는 상급 교육기관에 입학하고자 하는 학생에게 아무런 제약이 없다는 점에서 기회균등을 의미한다고 주장할 수 있다. 그러나 어떤 학생들에게 있어서 단선형 교육제도는 사실상 출세의 과정인 데 반해서, 어떤 학생들에게는 유희의 도구에 불과했다. 교사의 역할은 교육제도가 지니고 있는 지배적인 가치에 의해서 영향을 받으며, 대체로 교사는 광범위하게 학생들을 지도하여 향상시킨다기보다는 능력이 있는 학생들을 지도하는 데 주력했다.

미국인의 가치체계는 이와는 다른 평등의 개념을 구현하고 있다. 평등(적어도 백인들 간의 평등)은 태어났던 나라에서 겪었던 불평등으로부터 도피하기 위해서 이민을 해왔던 미국인들 간에는 널리 주장되어온 가치였다. 이러한 가치관의 힘 때문에 미국의 학교는 지방자치제였으며, 미국 교육제도는 소수의 엘리트를 선발하는 것보다는 모든 학생의 실력을 향상시키는 데 더 관심을 기울였다. 미국인의 가치체계에 관한 연구에 있어서 립셋은 다음과 같이 설명했다.

"평등에 기초한 자유주의는 학교제도에 강력하게 표현되어 있다. 교사들은 지적(知的) 능력의 차이를 무시할 정도로 균등하게 학생들을 취급했다. 재능이 있는 학생을 격려하는 것은 우둔한 학생에게 처벌을 가하는 것과 마찬가지로 부당하다고 생각했었다. 모든 사람을 위해서 바람직한 인격을 형성하는 것이 목표였다. 호전적인 시장인 구아디아는 뉴욕시에 있는 타운센드 해리스 고등학교를 없앴다. 이 학교는 4년의 교육과정을 3년에 마치는 재능이 많은 학생들이 다니는 학교였다. 그는 이러한 학교가 존재하는 것은 소수에게 특권을 부여하는 것이기 때문에 비민주적이라고 폐교 이유를 밝혔다."

터너는, 영국과 미국에서 가치체계가 교육제도에 반영되어 어떤 차이점을 유발시켰는지를 설명했다. 그는 영국의 제도를 기존의 엘리트에 의해서 엘리트가 선발되는 제도라고 간주했고, 미국의 교육제도는 "경쟁에 의한 이동"

이 보장되는 것이 특징이라고 생각했다. 미국의 경우 상류계층은 공개경쟁의 결과로 얻은 보상이며 스스로 노력한 결과인 것이다. 그러나 영국의 교육제도에서, 교사는 엘리트의 대변자로서 행동을 한다(물론 아무도 이것이 교사의 역할이라고 제안한 사람은 없다). 이에 반해서 미국의 교육제도에서, 교사의 역할은 공정한 경쟁을 할 수 있도록 도와주는 것이다.

미국과 영국인의 가치에 있어서 귀속과 성취라는 차이점은 평등주의와 엘리트주의 간의 차이점과 밀접하게 관련되어 있다. 사실상, 귀속적인 가치를 갖고 있는 사회는 필연적으로 엘리트가 존재한다. 영국 교육의 귀속적인 속성은 퍼블릭 스쿨 출신의 학생이 그와 동등한 실력을 지니고 있는 그래머 스쿨 출신의 학생보다도 옥스퍼드나 케임브리지 대학에 들어갈 기회가 더 많다는 예를 통해서 쉽게 알 수 있다. 왜냐하면 퍼블릭 스쿨 출신의 학생은 대학교육을 더 효과적으로 이용할 수 있기 때문이다. 옥스퍼드에서 받은 학위는 레드브릭에서 받은 학위보다 더 좋고, 레드브릭에서 받은 학위는 C. A. T학위보다 좋은 것이며, 그래머 스쿨의 G. C. E는 모던 스쿨의 G. C. E보다 좋은 것이라는 견해가 일반적으로 통용되고 있다. 간단히 말해서 출신학교는 어느 경우를 막론하고 부모의 사회적·계급적 배경과 밀접한 관계가 있다. 또한 사회적 배경은 학교에서의 성취 능력보다도 더 중요하게 간주되고 있다.

고도로 노동이 분화되어 있는 산업사회에서 직업적인 역할이 능력을 기초로 배분되어야 한다는 주장은 필연적으로 생기게 마련이다. 이러한 사회는 능률의 관점에서 볼 때, 귀속적인 것보다는 능력이 더 적합한 가치로 간주된다. 교육을 받았다는 자격증이 점점 더 직업적인 역할의 배분에 있어서 큰 비중을 차지하게 됨에 따라서, 교육제도 속에 이러한 가치가 널리 만연되게 되었다. 또한 교육기회의 가치가 인정됨에 따라서 능력을 발전시키는 데대한 인위적인 방해물은 없게 되었다.

영국 교육제도는 성취와 기회균등의 가치에 많은 영향을 받게 되었으며, 그 결과로 종합학교의 운동이 전개되고 있다(가치가 급격하게 변모되었다고 정확하게 말할 수 없기는 하지만). 파슨스는 이러한 가치를 지니고 있는 사회에서 교수와 선발, 그리고 사회화의 기능 간에 갈등은 존재하지 않는다고 주장했다. 그는 다음과 같이 기술하고 있다.

"사회화의 기능이라는 견지에서 초등학교를 생각한다면, 초등학교는 연속적으로 성취능력에 의하여 분류하는 기관이며, 교육내용은 성인사회의 대변자인 교사가 제시하는 기대에 부합될 수 있을 정도로 수준이 높은 것처럼 보인다. 이와 같은 성취도의 기준은, 일반적으로 말해서 인지적인 요소와 도덕적 혹은 사회적인 요소가 분화되어 있지가 않다. 그러나 사회적인 가치와의 관계라는 측면에서 이러한 가치와 일치하는 행동을 할 수 있는 능력 수준은 학생마다 서로 다르다."

다시 말해서 초등학교에 다니는 학생은 성적과 사회적인 행동을 분리하여 평가받지는 않는다. 그는 양자를 모두 포함한 능력을 기준으로 판단된다. 할제이가 말했던 것처럼, "선량한 것과 총명한 것은 모두 보상을 받는다."

파슨스에 의하면, 학업성적이 따로 분리되어 평가되며, 선발의 기준으로 사용되는 시기는 중등학교의 단계이다. 그러나 할제이가 지적했던 것처럼, 이와 같은 해석은 인지능력과 사회적 가치가 서로 다른 가정환경을 갖고 있는 학생들의 문제를 잘 설명하고 있지 못하다.

한 가지의 측정 방법을 모든 학생들에게 이용하는 방법

은 적절한 가치를 내면화한 학생들에게는 유리할 것이다. 교육제도를 다시 조직한다는 것은 단지 지적(知的)인 능력의 수준을 더 높일 수 있는 한도 내에서만 효과를 발휘할 수 있는 것이다. 그러나 '귀속적(歸屬的)인 엘리트주의'에서 '성취적(成就的)인 평등주의'로 전환되었다고 해서 반드시 교사의 태도가 재조정되었다고 확신할 수는 없다.

　미국인의 근본적인 문제는 영국인의 문제와는 다르다. 미국인 교사가 받는 압력은 모든 학생들을 평등하게 취급해 달라는 것이다. 그래서 교사 자신이 학업성적이나 지적으로 우수한 자를 양성하는 데 주력할 경우, 그는 역할갈등을 경험하게 된다. 이와 같은 갈등은 어느 정도는 필연적인 것이다. 왜냐하면 미국사회의 또 다른 중요한 가치 중에는 개인의 성취라고 하는 가치가 있기 때문이다.

　교육이 경력보다도 더 사회적인 이동의 중요한 수단이라는 생각이 널리 인정됨에 따라서, 교육의 중요성이 더욱더 부각되게 되었다. 평등을 추구하는 동시에 개인의 성취적 가치를 계발함으로써 교사는 심한 갈등을 겪었다. 왜냐하면 개인의 성취욕구는 불평등을 초래하기 때문이다. 마샬이 지적했던 것처럼 기회가 균등하다는 것은 불평등하게 될 수 있는 기회가 내포되어 있다는 것을 의미한다. 이와 같은 문제에 관해서 영국의 교사들은 별로 심각하게 느끼지 못했다. 왜냐하면 불평등이 이미 제도에 표현되어 있기 때문이다.

과거 미국의 교사는 개인의 학업성적을 향상시키는 것보다는 사회적인 적응을 강조하는 경향을 가지고 있었다. 학생이 집에 가져가는 가정통신문 속에는 성적에 관한 기록은 없고 사회성과 같은 것들만 기록되어 있었다.

호프스타터는 교사의 중요한 역할을 사회적인 견지에서 아동이 생활에 적응해 나가도록 돕는 데 있다고 생각했던 진보주의적인 시대의 미국교육이 반지성주의(反知性主義)였다고 분석했다. 그러나 미국교육은 잘못된 평등주의로 인하여 손해를 보았다는 비판이 고조되기 시작했다. 경쟁이 심한 기술사회에서 미국인은 전문적인 과학자나 기술자들을 길러내지 못했으며, 민주적인 과정에 의존하고 있지도 않았다고 하는 생각이 널리 인정되게 되었다. 재능이 있는 자를 찾아서 그들을 가르쳐야 한다는 생각이 일반화되었다. 그 결과 미국 교사의 역할은 평등을 추구할 뿐만 아니라 학업 성적을 향상시켜야 한다는 생각을 가질 정도로 변모되었다.

미국 교육제도의 갈등과 교사들이 지니고 있는 역할 갈등은 다음과 같은 물음 속에서 찾아볼 수 있다. 즉,『평등과 우수성을 동시에 성취할 수 있을까?』이것은 가드너가 쓴 책의 제목인데, 그는 이 책에서 이와 같은 변화에 관해서 논의했다. 리이스만에 의하면 교사의 역할은 오늘날 교육활동에서 생기는 가치변동의 주기라는 측면에서 볼 때 반주기적인 것임에 틀림없다. 즉, 경향성과 반대로 가르치는 것이 교사의 기능인 것이다.

영국과 미국에서 교사의 역할이 서로 다른 가치에 의해서 영향을 받고 있지만, 근본적으로 경제적인 문제와 관계가 깊다고 하는 공통적인 측면도 있다.

영국의 제도는 보다 유동적이고 평등주의를 추구하는 동시에 학문적인 기준을 계속 유지하려고 노력하고 있다. 미국의 제도는 평등주의를 유지하는 동시에 학문적인 우수성을 추구하려고 한다. 가치와 제도의 이와 같은 변화 때문에, 교사가 수행해야 할 역할은 변모되고 있다. 그러나 이러한 경향은 적어도 영국에서는 일반적으로 환영을 받고 있지 못하다. 그러면 이러한 비판이 무엇인지를 살펴보기로 하자.

(2) 교육집단의 이질성

능력이나 사회적 배경이 서로 다른 아동들이 한 학교에
서 같이 배우게 됨으로써 영국의 교육제도가 변모되었다
는 점은 앞에서 지적한 바 있다. 중도탈락 제도에 의한 선
발방식이 과거 영국의 교육을 지배했다. 그래서 11, 15,
16, 18세 때에 엄밀하게 능력을 측정하여 학생이 받아야
할 교육의 종류를 명확하게 정했다. 선별된 집단은 각 단
계의 교육에서 능력이나 가치의 습득이라는 측면에서 질
적으로 동일한 수준을 유지할 수 있었다.

교사의 역할은 그가 가르치는 집단의 유형과 밀접한 관
계가 있었다. 초등학교는 중등학교보다 더 이질적인 학생
들이 많이 있었다. 그러나 이질성은 이 단계에서는 별로
문제가 되지 않았다. 그러나 종합적인 교육을 지향하게
됨에 따라서, 학교 안에 이질적인 측면이 점점 더 나타나
게 되었다. 이러한 경향 때문에 교사는 새로운 문제에 부
딪치게 되었다.

첫째, 수업을 계획하는 것은 동질집단보다 이질적인 집
단이 훨씬 더 어렵다.

둘째, 교사들은 문화적으로 혜택을 받지 못한 환경에서

자란 어린아이의 동기를 유발한다고 하는 문제에 부딪치게 된다.

점점 더 이질화되고 있는 경향성은 부모의 사회적·계급적 지위와 관련된 학교에 다니는 것이 어떤 것인가를 규명한 사회학적인 연구가 계속적으로 발전됨으로써 상당한 정도까지 지지를 얻게 되었다. 그 결과로 능력이 낭비되었다는 사실은 크라우더와 로빈스 보고서와 같은 곳에서 증명되었다. 학교성적에 영향을 주는 사회적 차이점을 밝히기 위한 포괄적인 연구가 추진되었다. 여기에서 이와 같은 증거들을 상세하게 검토할 필요는 없다. 그러나 이러한 연구를 통해서 볼 때 교육을 통해서 아동이 얻을 수 있는 능력은 학교에 입학하기 전 아동이 처해 있었던 사회적인 환경에 의해서 결정된다는 사실과 이와 같은 사회적 환경의 격차는 학교에 의해서 더욱 더 조장된다고 하는 사실을 이해해야 한다.

우리 사회에서 성공한 사람들이 특수한 가치를 내면화하려고 했다는 사실은 분명하다. 이러한 가치 가운데는 미래지향성(즉, 현재의 생활보다는 미래의 목표를 중요시하는 것), 능동주의(즉, 자신의 조건을 변화시킬 수 있다는 믿음), 개인주의(즉, 가정이나 친척과의 긴밀한 관계를 거부하고 개인의 독창성을 강조하는 것)가 있다.

이러한 가치들은 앞에서 논의했던 성취의 가치와 밀접한 관계가 있다. 또한 이것들은 특정한 규범에 의해서 지지될 수 있는데, 코헨은 다음과 같은 규범을 제시하고 있다. 야망, 직업을 통한 자아의 향상, 개인의 성격, 학문적인 능력을 중요하게 생각하는 것, 즉각적인 만족의 연기, 공격성의 통제, 여가의 건설적인 이용, 권위에 대한 존경, 용기의 배양, 부(富)의 존중과 같은 규범들이다. 이는 중류계층의 규범과 일치한다.

왜냐하면 중류계층의 사람들이 대부분 지지하기 때문이 아니라 하류계층의 사람들도 이러한 규범을 준수함으로써 상승이동을 할 수 있기 때문이다. 이와 같은 규범을 내면화한 아동은 내면화되어 있지 않은 아동들보다도 더 지적인 능력을 효과적으로 사용할 수 있다. 이러한 아동은 또한 교사의 사회적 기대체계와 일치되는 행동을 함으로써 학교에서 교사의 지지를 얻을 수 있다. 그러므로 우리는 다시 한 번 더 '선량함'과 '총명함'이라는 두 측면을 융합할 수 있는 가능성을 살펴보아야 할 것이다. 더글라스는 다음과 같이 기술했다.

"요약하면, 능력은 앞장에서 이미 살펴보았던 것처럼 사회적인 선발의 과정에서 강화된다. 훌륭한 가정에서 태어난 아동은 측정된 능력보다도 더 높은 지위에 도달할 수 있는 기회가 많다(일단 그들이 능력을 후에 개선할 수 있는 가능성을 보이기만 한다면). 이러한 현상은 하류계층 출신의 아동이 (원래의 능력이 상류계층의 아동과 똑같은 경우) 사회적으로 하향 이동하는 것과는 아주 대조적이다. 선발의 타당성은 선발 후 아동이 수행하는 능력에 의해서 확증되고 있는 것처럼 보인다."

직업적인 지위 때문에, 교사는 중류계층이라고 할 수 있다. 교사들 또한 위에서 열거한 중류계층의 규범들을 지지하고 있다. 하류계층 출신이라고 하더라도, 교사는 그가 교육을 받는 과정에서 이러한 규범을 습득한다. 더군다나 교사는 이와 같은 규범을 실현함과 동시에 학생들에게 전달해 줄 것을 기대 받게 된다. 그러므로 가끔 중류계층의 교사와 하류 노동자계급의 학생 간에는 문화적인 갈등이 생기기도 한다. 교사는 왜 학생이 출세의 중요성을 모르는지를 이해하지 못한다. 그는 가끔 성공은 가정과 이웃으로부터 도피하는 것을 의미한다는 사실을 이해하지 못하기도 한다.

한편 하류계층 출신의 아동은 교사의 충고를 받아들이지 못하고, 교사를 자기와는 다른 사람이라고 생각한다. 이와 같은 교사와 학생간의 문제는 집단이 이질화되면서부터 점점 증가되었다. 그래머 스쿨에서 근무하는 교사는 동일한 가치체계를 갖고 있는 집단을 가르칠 수 있다. 또한 이 학교는 교사의 가치와 기준을 수용할 수 없는 노동자계급의 자녀들을 입학시키지 않았다. 그러나 종합적인 교육이 발전됨에 따라서 모던스쿨의 교사는 동기유발이라는 문제에 직면하게 되었다.

플라우드는 모든 교사들이 자신의 임무에 대한 사회학적인 문제점을 잘 이해해야 한다고 주장했다. 또한 그녀는 대학에서 훈련을 받았던 교사들은 지적(知的)인 문제에 관해서 더 주의를 기울일 필요가 있다고 주장했다. 또한 직전의 준비를 폭넓게 시킬 필요가 있다고 생각했다.

교사가 사회학적인 차원에서 인식을 할 필요가 있다는 것은 학습에 대한 사회적인 제약뿐만 아니라 학생의 귀속적인 속성이 갖고 있는 교육적인 의미를 이해할 수 있어야 한다는 점을 의미한다. 교육제도를 다시 조직하는 일은, 어떤 수준의 성취도 궁극적인 것으로 간주하지 않는 소위

만하임이 말한 '교육적인 낙관주의'를 인정하는 교사들에 의해서 이룩될 때에만 효과적으로 개선될 수 있다. 사회적인 배경을 무시함으로써 얻는 효과에 대한 불확실성 때문에 이와 같은 조직방법은 매우 조심스럽다. 조직방법을 결정할 수 있는 결과는 여러 학교에서 실시되고 있는 연구결과에 의해서 결정될 것이다.

교사는 교육능력이 향상된다고 하더라도 성취의 가치를 인정하도록 자극을 줄 수 있어야 한다. 그러나 두 가지의 중요한 조건이 인식되어야 할 것이다. 첫째로, 노동자계급의 아동이 중류계층의 가치를 습득하도록 하는 데 성공할 수 있다고 하더라도, 여전히 이와 같은 가치를 습득하려고 하지 않는 학교성적이 나쁜 아동은 존재할 것이다.

베른슈타인은 다음과 같이 설명하고 있다.

"노동자계급의 아동이 성취 주의적 윤리를 내면화함과 동시에 교육수단이 민주화됨으로써 자신감을 상실하게 되어 자기가 속해 있는 집단이나 사회가 그에게 기대하는 요구에 대한 태도가 변화될 수도 있다."

코헨은 적어도 미국사회에서 학교에서의 무능력과 비행

(非行)은 관계가 있다는 제안을 한 적이 있다. 이러한 사실을 통해서 볼 때 성취주의는 수정되어야 하며, '경쟁의 구조'는 바뀌어져야 할 것이다. 이와 같은 변화는 주로 학업성취에 주의를 기울였던 교사들에게 도전적인 것이 될 것이다.

둘째는 중류계층의 규범이 사회에서의 성공과 가장 관계가 깊은 것이기는 하지만, 자발성, 단결, 상호협력과 같은 노동자계급의 규범은 그 나름대로 가치가 있다는 사실이다. 교사의 임무 중 가장 어려운 것은 개인주의적인 생활태도를 억제시키면서 노동자계급의 아동들에게 동기를 유발시키는 일이다.

(3) 가치의 갈등과 모델로서의 교사

학업성적 때문에 생긴 문제가 가장 중요한 문제이긴 하지만, 이러한 문제들은 다른 가치의 갈등에서 생긴 문제보다 교사에게 덜 심각하다. 사회화의 과정은 가치나 규범의 습득과 관계가 깊다. 그래서 교사들은 도덕교육이 가장 중요하다고 생각한다.

교육사회학의 시조 가운데 한 사람인 뒤르껭은 교육을 사회의 도덕적인 일체감을 유지할 책임을 갖고 있는 제도라고 생각했다. 교사는 사회의 핵심적인 가치를 실현하거나 학생들이 수용하도록 교육해야 한다고 그는 주장했다. 그러나 여기에는 교사가 전달할 수 있는 핵심적인 가치가 존재한다는 가정(假定)이 내포되어 있다. 사실 현대사회는 가치가 일치한다기보다는 가치의 갈등이 보편화되어 있다고 특징지을 수 있다. 도덕·정치·종교적 신념의 다양성을 쉽게 알 수 있으며, 이와 같은 다양성 때문에 교사는 어려움을 겪고 있다.

여기에서 교사가 이와 같은 신념들을 평가할 수 있는 기준에 관해서 검토할 필요는 없다. 왜냐하면 이것은 본래 철학적인 문제이기 때문이다. 그러나 우리는 모델로서의 역할을 교사가 수행할 때 나타나는 몇 가지 갈등을 지적할 필요가 있다.

정치적 가치

전체주의적인 사회에서 교사는 국가의 이념을 전달하기만 하면 문제가 생기지 않는다. 다만 이와 같은 이념을 교사가 거부할 경우에만 갈등이 생긴다. 그러나 일반적인 해석에서 벗어나서, 예컨대 마르크스-레닌주의와 같은 이데올로기를 교사가 해석할 때에는 갈등이 생기기 쉽다. 영국에서 이와 같은 문제는 매우 복잡하다. 교사는 민주적인 가치를 전달해야 한다고 하는 일반적인 기대가 있는 것 같다. 그러나 제2차 세계대전이 일어났던 시기에 만하임과 클라크와 같은 학자들이 교사가 학생에게 가르칠 수 있는 민주적인 이데올로기를 명확하게 규명해 놓았음에도 불구하고, 이와 같은 규정이 실제로 적용될 수 없었다.

영국의 학교에서 전달하려고 하는 가치들은 정치적으로 결정된다기보다는 계급에 의해서 결정된다고 말할 수 있다. 교사가 정당(政黨)에 가입하는 것을 막지는 않고 있지만, 학교 활동에서 교사는 정치적인 견해를 소개하는 것을 피하는 것이 일반적인 경향이다. 이러한 경향 때문에 정치적인 신념이 교육의 기능과 관계가 있다고 생각하는 교사들에게 긴장감을 주고 있기도 하다.

역사, 사회과학, 그리고 현대의 문제를 가르치는 교사가 객관성을 유지하는 것은 매우 어려운 일이다. 이러한 분야에 대해서 문제가 거의 발생하지 않는 이유는 교사의 정치의식이 낮거나, 역할 갈등을 해소하는 기술이 너무 좋기

때문일 것이다. 학교는 변화하는 기관이라기보다는 보존
적이고 보수적인 기능을 수행하는 기관이라는 생각이 일
반적인 것처럼 보인다. 그래서 급진적인 교사들은 가치를
변화시킬 수 있는 기회를 부여해 줄 수 있는 교육기관을
위해 학교 밖에서 활동하려고 한다.

종교적 가치

교사에게 있어서 아마도 종교적인 갈등은 정치적인 갈
등보다도 더 심각할 것이다. 영국사회의 지배적인 가치들
이 기독교에서 비롯된 것이라는 점이 가장 어려운 문제인
것이다. 왜냐하면 교사들은 급진적인 것과 보수적인 것에
의해서 영향을 받기 때문이다. 그러나 기독교적인 가치는
가르쳐야만 한다는 것이 널리 퍼져 있는 생각이다.

기독교도인 교사와 종교를 가지고 있지 않은 교사들 모
두가 갈등을 겪고 있다. 종교 교육에 직접 참여하고 있는
기독교도 교사들은 특정한 교파(敎派)의 신념을 전달하는
것을 막기 위한 목적으로 교수요목(敎授要目)을 만들었다.
역사적인 지식체로써 기독교를 가르친다는 것은 특정한
교파에게 있어서는 불만족스러운 것처럼 보인다. 역할 갈

등은 종교를 믿지 않는 교사들에게서 더 심하게 나타나고 있다. 그는 학교에서 종교적인 교육에 참여해야 할 것인지의 여부를 결정해야만 한다. 우리는 실제로 종교 분야에서 교사들이 압력을 받고 있는지에 관해서 자세히 알고 있지 못하다. 그러나 최소한 이러한 상황에 직면하고 있다는 것은 분명하다. 문교장관이었던 이클스 경은 훌륭한 교사는 기독교도 교사일 것이라는 내용의 보고서를 공식적으로 발표했다. 많은 교사들은 영국사회의 가치 중 가장 근본적인 기독교 교리를 인정함으로써 갈등을 해결할 수 있다고 생각했다.

직업적 가치

교사는 자유롭게 토론한다거나, 지식을 무제한으로 탐구할 수 있는 것과 같은 직업적 가치와는 정반대로 자신의 역할을 수행해야 할 것이라고 사람들이 기대할 때 갈등이 야기된다. 이와 같은 갈등은 영국에서도 발생되고 있기는 하지만, 특히 미국 교사들에게 심하게 일어났다. 미국 교사들은 그들이 가르쳐야 할 것이라고 사람들이 기대하고 있는 신념과 대치된다는 이유 때문에 진화론은 어떤 주에서는 가르치지 못하도록 되어 있었다. 심지어는 오늘날까

지도 미국 교사들은 지식탐구의 자유와 국가의 기대에 갈등을 일으키는 상황에 직면하고 있다. 이와 같은 갈등은 사회학이나 현실 문제를 다루는 교사들에게 가장 심하다. 몇 가지의 역사적인 사건들 때문에, 영국 교사는 비교적 학문의 자유를 누릴 수 있으므로 미국 교사들처럼 심각한 갈등은 겪지 않고 있다. 그러나 그는 학문의 자유와 종교, 정치, 성문제와 같은 반응이 민감한 분야에 관해서, 학부모들이 인정하지 않고 있는 가치판단을 전달하려고 할 때 갈등 상황에 직면하게 된다.

문화적 가치

좋은 직업을 얻는 것을 중요하게 생각하는 것처럼 교육의 도구적인 측면이 지나치게 강조됨에 따라서 교사는 또 다른 갈등을 겪게 되었다. 그가 중요하게 생각하는 가치 중에서 가르치는 내용은 가장 핵심적인 것이기 때문에, 그는 도구적인 가치와는 관계가 없는, 예컨대 역사와 같은 것에 학생들이 주의를 기울이도록 자극을 주는 것이 그의 임무라고 생각할 것이다. 그러나 이와 같은 분야를 고무적으로 가르친다고 하더라도 별 효과가 없다. 물론 이런 현상은 오래 전부터 교사들이 겪어 왔던 문제이다. 그러나 오늘날에 와서는 인력수급과 경제적인 압력 때문에 더욱 더 이런 현상이 가중되고 있다.

교육에 관해서 보수적인 태도를 갖고 있는 밴토크는 이와 같은 경향 때문에 교사가 사회의 핵심적인 문화를 전달하는 기능을 효과적으로 수행하기가 매우 어렵게 되었다고 주장했다. 교육제도가 변화됨에 따라서 엘리트의 문화적인 수준은 저하되었고, 고급문화의 수준을 유지하기가 어렵게 되었다.

급진적인 비평가인 윌리암스는 오늘날의 사회와 교육의 경향 때문에 교사가 학생들 모두가 공통적으로 가질 수 있는 생각을 가르치기가 어렵게 되었다고 주장하고 있다. 그는 '공통문화'를 전달하는 것이 교사의 역할이라고 생각하고 있다. 그러나 선발과 분류가 강조되기 때문에 공통성을 얻기가 매우 어렵다는 점을 지적했다.

급진적인 비평가와 보수적인 비평가들은 모두 실적주의를 추구하는 데 대해서 반대했다. 교사의 갈등은 좋은 것이 무엇이냐는 자신의 결정에서부터 생긴다. 즉, 학생은 사회에서 개인적으로 직업을 얻는 것이 좋다고 생각하는 데 반해서, 교사는 자신이 지지하고 있는 가치에 따라서 무엇이 좋은지를 결정하는 일이 매우 중요하다고 생각한다.

(4) 학생에 대한 교사의 지도방침에 영향을 주는 사회적 압력

재능 있는 사람을 필요로 하는 관료제도 때문에 교사는 경제적인 압력을 받게 됨과 동시에 인력의 수급에 관여하게 되었다. 관료제의 두 가지 중요한 특징인 '전문화'와 '협동'으로 인해서 교사의 교수, 선발, 사회화와 같은 역할은 여러 가지로 영향을 받았다. 여러 가지의 역할간의 갈등을 해소하려고 할 때, 교사가 겪는 어려움은 사회적인 관계방식의 유형 속에서 찾아볼 수 있다. 미국인 사회학자 파슨스는, 사회적 상호작용에 관한 일반이론을 통해서, 타인과의 상호작용에 참여하고 있는 개인은 누구나 행동을 하기 전에 문제 상황에 직면하게 된다고 주장했다. 그는 이와 같은 어려움을 '유형변인(類形變因)'이라고 불렀다. 이와 같은 변인들은 산업화된 사회의 교사가 직면하고 있는 문제들을 이해하는 데 무척 도움이 된다.

애정과 애정의 중립

이와 같은 문제는 애정적인 관계나 중립적인 관계와 같은 감정적인 색채와 관계가 있다. 교사의 사회화 기능은 학생과 친밀한 관계를 필요로 하는 것처럼 보인다. 왜냐하면 학생이 가치를 습득하기 위해서는 동일시가 필요하기 때문이다. 또한 교사와 학생간의 관계가 친밀할 때 가르치는 활동은 더 효과를 발휘할 수 있다는 것도 사실이다. 그러나 티칭 머신이라든가 프로그램 학습과 같은 방법이 도입됨에 따라서 친밀한 관계를 유지하기는 더욱 더 어렵게 되었다.

전문화와 일반화

이러한 문제는 역할을 수행하는 자가 하는 행동을 다른 사람이 실행할 수 있는 정도와 관계가 있다. 우리 사회에서 대부분의 역할은 전문적인 것이다. 즉, 역할수행자가 다른 사람에 대해서 영향을 주는 정도는 매우 제한적이다. 점원(店員)의 역할은 손님에게 봉사하는 것이고, 의사의 역할은 환자를 치료하는 것이다. 그러나 어머니의 역할과 같은 역할은 훨씬 더 광범위한 기능을 수행한다는 점에서 확산적(擴散的)이고 일반적이다. 교사의 역할은 매우 제한적인 면과 매우 일반적인 면을 동시에 갖고 있다. 친구나 상담자나, 동일시의 대상이 될 경우 교사의 역할은 확대된다. 그러나 가르치거나 선발하는 기능을 수행할 때는 전문적이 된다. 유치원 교사의 역할은 어머니의 역할과 같다. 그러므로 어느 정도 확산된 기능을 한다고 할 수 있다(물론 어머니와 같은 기능만으로는 불충분하며, 어느 면에서는 특수한 기능을 수행하고 있기는 하지만). 초등교육의 단계에서 수행하는 역할은 매우 일반적이다. 그러나 중등학교의 역할은 매우 제한적이고 전문적이다.

보편성과 특수성

이 문제는 한 역할 연기자가 다른 사람을 판단하는 방식과 관계가 있다. 한 개인에게 적용되는 기준이 다른 사람에게도 동일하게 적용될 수 있을 때 판단의 기초는 보편적이라고 할 수 있다.

우리나라의 법제도(法制度)는 모든 사람이 법 앞에서 누구를 막론하고 동일하다는 보편적인 원칙에 기초를 두고 있다. 그러나 판단되는 사람과의 관계에 따라서 특수한 판단이 가능하다. 개인은 특수한 기준에 따라서 친구, 가족, 클럽의 회원 등을 판단할 것이다.

가르치는 교사는 이와 같은 양면성을 모두 지니고 있다. 민주사회에서, 교사는 누구를 막론하고 시험성적과 같은 보편적 기준에 따라서 아동을 판단해야 한다는 요구를 받는다. 그러나 더글라스가 이미 앞에서 지적했던 것처럼, 교사는 중류계층의 학생들을 더 좋아하기 때문에 문제가 생긴다. 의식적이거나 무의식적으로, 중류계층의 학생을 더 좋아한다는 것은 특수성의 한 예이다. 그러나 학생과 친밀한 관계를 맺거나, 학생의 개인적인 발달을 북돋워주기 위해서는 아동에게 특수한 기준을 사용하는 것이 필요하다(대학의 교수도 이와 비슷한 문제를 겪고 있다. 교생실습을 할 때 문제를 해결하도록 특정한 개인을 도와준다. 그러나 어느 정도 단계에 이르러서는 돕는 것을 중단해야 한다. 또한 평점(評點)은 보편적인 기준에 의해서 결정된다).

특성과 능력

이러한 문제는 앞의 문제와 매우 유사하다. 이것은 앞장에서 논의했던 성취와 귀속(歸屬)간의 차이와 비슷한 문제이다. 교사는 성별이나 나이와 같은 특성을 기초로 학생을 지도하거나 능력을 기초로 학생을 지도한다.

자기 지향성과 집단 지향성

이 문제는 한 개인이 자신의 욕구를 먼저 지향하느냐 혹은 집단의 요구를 먼저 추구하느냐와 관계가 있다. 우리 사회에서 전문직의 기준 가운데 하나는 구성원들이 자신의 이익보다 먼저 집단의 이익을 중요하게 생각한다는 점이다. 교사는 자신의 이익보다도 아동의 이익을 먼저 생각한다는 점에서 전문직이다. 그러나 교사가 학생의 이익과 자신의 기회에 어느 것을 중요시해야 할지를 결정해야만 될 경우 어려운 문제가 야기된다.

이와 같은 상황에서 생기는 문제들에 관해서 윌슨은 『교사의 역할』이라는 논문에서 자세하게 논의했다. 특히, 전문화와 관료화로 인해서 교사의 역할은 특수성과 중립성을 지향하는 방향으로 수행되고 있으며, 그 결과 사회화의 기능이 저하되고 있다고 그는 지적하고 있다. 그는 다음과 같이 설명하고 있다.

"우리 사회는 계속적으로 전문화되고 있는 사회이기 때문에, 전문가에게 많은 특권을 부여하고 있다. 그러나 가르치는데 있어서 전문성을 높이는 것에는 한계가 있다. 왜냐하면 역할이 확산되어 있기 때문이다. 또한 우리 사회는 점점 더 기술에 의존하고 있기 때문에 도구적인 역할

이 사회적으로 승인되고 있다. 그러나 교사의 역할은 전적
으로 도구적인 것만은 아니다. 그것은 가치나 목적과 관계
가 깊다. 그러므로 본질상 개인적인 성격을 띤 것이다."

(5) 결론

산업사회에서, 교사의 역할은 많은 갈등과 압력을 받고
있다. 이러한 갈등은 경제적인 변동과 사회적인 변동 때
문에 생긴 교육의 사회적 기능이 변모됨으로써 비롯된 것
이다. 특히, 교사의 도구적 기능과 선발기능은 매우 중요
시되고 있고, 교사의 역할이 점점 더 기능적이며, 전문적
으로 변모됨에 따라서 교사가 사회화의 기능을 수행하기
가 어렵게 되었다. 더군다나, 복잡한 산업사회에서는 가
치와 신념이 매우 다양하기 때문에 모든 학생에게 적합하
고, 부모가 지지할 수 있는 모델로서 교사가 행동한다는
것은 매우 어려운 일이다.

제3장

학교 안에서의 교사

학교 안에서의 교사

앞 장에서는 교사의 역할을 일반적인 견지에서 사회와 관련지어 논의했다. 그러나 역할이라는 개념은 행동과학 (行動科學)에서 매우 중요한 의미를 지니고 있으며 복잡한 의미를 갖고 있다. 그러므로 학교 안에서의 교사의 역할을 논의하기에 앞서 역할의 개념을 보다 자세히 검토해 볼 필요가 있다.

헤비거스트와 뉴가텐은 역할을 다음과 같이 정의하고 있다.

"사회적인 역할이란 동일한 지위에 있는 모든 사람들의 공통적인 행동방식이나, 사회의 다른 구성원들이 기대하는 행동유형으로 정의된다. 그러므로 역할이란 개념은 다음과 같은 점을 내포하고 있다.

① 지위를 가리키는 것이다. 교사는 특수한 직업적 지위를 갖고 있다.

② 지위와 관련된 행동방식을 가리키는 것이다. 교사라는 지위를 갖고 있는 사람과 관계가 깊은 행동방식이 있다.

③ 지위를 차지하고 있는 자에게 기대하는 행동체계를 가리키는 것이다. 교사에게 기대되는 행동에는 어떻게 행동을 해야만 할 것인가 하는 의미가 내포되어 있다."

역할의 개념은 중요하다. 왜냐하면 특정한 지위에 있는 사람은 그 지위에 대한 기대에 순응해야 하며, 어떤 특정한 의무를 수행해야 한다는 점을 설명하는 데 있어서 역할의 개념은 매우 도움이 되기 때문이다. 역할은 주어진 역할을 수행하는 사람의 행동을 어느 정도 예측할 수 있게 해준다는 점에서 사회생활을 근본적으로 쉽게 해나가는 데 도움이 된다. 역할을 이해함으로써 우리는 시간과 노력을 절약할 수 있다. 어떤 사람이 교사라는 사실을 알게 되면, 우리는 그가 어떤 역할을 하고 있는지를 대략 알 수 있다. 만일 부모가 자녀의 발달에 관해서 교사와 의논을 하려고 학교를 방문했다면, 교사와 부모는 상대방에게 이와 같은 역할개념을 가지고서 적절하게 행동을 할 것이다(물론, 예컨대 학부모 자신이 교사인 경우에는 여러 가지 면에서 이와 같은 요인이 수정되기도 한다).

교사는 자신의 역할에 대한 몇 가지 기대 체계를 인식하게 될 것이다. 그 후, 교사로서 훈련을 해나가는 동안, 그는 교사로서 기대되고 있는 행동방식을 습득하게 되며, 직업적인 가치를 내면화하는 이른바 직업적인 사회화의 과정을 겪게 될 것이다. 대다수의 역할 행동은 '후천적으로 습득되는' 것이다. 그러나 역할을 수행하기 전에 고려해야 할 점도 많다. 엘리오트는 다음과 같이 말했다.

때가 올 것이다. 때가 올 것이다.
당신이 만나는 사람의 얼굴을 대하기 위해서 자신의 얼굴을 살펴야 하는……

역할 연기의 미묘함에 관해서 가장 예리하게 언급했던 고프맨에 의하면, 〈역할은 연기될 뿐만 아니라 가장되어 수행되기도 한다.〉 교사가 역할을 연출해야 한다는 점은 의심할 여지가 없다. 월러는 『교수의 사회학』이라는 그의 저서에서 다음과 같이 설명했다.

"교사는 아동의 관심을 가지고 있는 문제에 관해서 아동과 이야기를 해야만 한다. 교사는 청소년의 역할을 이해해야만 한다. 그리고 그는 청소년의 역할과 병존할 수 있는 자신의 역할을 강력하게 수행해야만 한다. 이러한 역할을 가장 잘 수행하며, 또한 행복을 느낄 수 있는 사람은, 예컨대 대학에서 성적이 우수했거나, 축구선수·육상선수와 같은 사람들이다. 이러한 사람들은 청소년의 역할을 생생하게 잘 수행할 수 있다. 왜냐하면 자신의 생활이 청소년의 생활과 동떨어져 있거나, 단절되어 있지 않기 때문이다. 보다 내성적인 교사는 그들이 연기해야만 하는 역할에 대해서 불만을 가질 수도 있다. 그러나 교사는 항상 아동을 통제하기 위해 마련된 사회체제를 수용해야만 한다. 그는 신중하게 말을 해야 하고, 시험·성적·자격증·꾸지람 같은 것에 대해서 신중을 기해야 한다. 교사가 이와 같은 역할을 신중하게 처리하는 것은 어려운 일이다. 그러나 이와 같은 역할에 유념해야 한다. 일반적으로,

훌륭한 교사일수록 이러한 문제에 유념하고 있다."

　교생이 이 글을 읽을 경우, 두 가지의 반응을 할 것이다. 즉, 결사적으로 반대하거나, "다른 사람들은 그렇다. 그러나 나는 다르다."는 의미를 지니고 있는 미소를 지을 것이다. 일부 교사들은 역할이 기대하는 특질을 극단적으로 수행하기도 한다. 이러한 경향 때문에 흔히 그들은 '전형적인 교사'라고 불리게 된다. 물론, 통계적인 의미에서 정상이라는 것이 아니라, 그들은 우리가 역할에 대해서 기대하고 있는 것에 자신의 행동을 지나치게 일치시키려고 하기 때문이다.

　그러므로 역할의 개념은 기대체계가 어떻게 대인관계의 특질을 결정하는가를 우리가 이해하는 데 도움이 된다. 또한 교사가 학교나 지역사회에서 수행하고 있는 기능을 우리가 이해하는 데 도움이 된다. 그러나 역할의 개념은 복합적인 성격을 갖고 있기 때문에 먼저 5가지 점을 부연해서 언급하기로 하겠다.

　교사가 만나는 사람은 매우 다양하다. 어떤 사람은 교사에 대해서 일반적인 기대를 한다. 그러나 학부모·학생·장학사와 같은 사람들은 교사와 직접적인 관계를 맺고 있기 때문에 그들의 기대는 매우 특수한 것이다. 이와 같은 집단은 '역할의 압력체'라고 불린다. 또한 그들의 기대는 교사에게 매우 중요한 의미를 지니고 있다.

교사의 역할은 기능(교과나 학생의 나이) · 권위(다른 교사에 대한) · 속성(자격 · 경험) 등과 같은 기준에 따라서 구분된다. 그러므로 교사의 유형에 따라서 서로 다른 기대감을 갖게 된다.

교사는 여러 가지 역할을 갖고 있다. 그는 아버지, 남편, 교원연맹의 회원, 클럽의 지도자, 운동부의 감독과 같은 역할을 동시에 수행할 경우도 있다. 이러한 각각의 역할에 대한 기대는 서로 다른 것이므로 서로 상충되어서는 안된다.

한 역할에 대해 역할 연기자에게 요구되는 기대는 항상 서로 조화를 이루고 있는 것은 아니다. 여러 가지의 기대체계에 직면하게 되면 교사는 역할 갈등에 부딪히게 된다. 역할 갈등의 형태는 여러 가지가 있다. 그중 가장 중요한 것은 다음과 같은 세 가지 유형이다.

① 교장 · 동료 · 부모가 각각 서로 상반되는 역할을 교사에게 기대할 경우에서처럼 여러 사람이 한 역할에

대해서 여러 가지로 기대하기 때문에 갈등이 생긴다.

② 교사이면서 교원연맹의 회원인 경우와 같이 한 개인
이 두 가지의 서로 상반되는 역할에 기대를 갖기 때
문에 갈등이 생긴다.

③ 역할 연기자가 자신의 욕구와 상반되는 기대 체계를
갖고 있을 때 갈등이 생긴다.

그러므로 이 장에서 이제까지 논의해 왔던 문제들은 다
음과 같은 물음으로 요약할 수가 있다. 즉, 교사의 행동이
그가 갖고 있는 기대감에 의해서 어느 정도 결정되며, 어
느 정도 교사는 자신의 행동이 그가 갖고 있는 기대감에
의해서 어느 정도 결정되며, 어느 정도 교사는 자신의 욕
구에 따라서 자유롭게 역할을 수행할 수 있는가? 이러한
문제는 여기에서 상세하게 답을 해야 할 성질의 문제는 아
니다. 그러나 교사는 모든 다른 교사와, 혹은 일부의 다른
교사들과, 혹은 다른 교사와는 완전히 다르게 행동할 수
있다는 사실에 주목해야 한다.

행동규정과 같은 기대는 교사를 제재할 수 있다. 그러나
이러한 면을 벗어났을 경우 교사는 고도의 자율성을 누릴
수 있다. 한 개인이 학교와 같은 조직의 구성원이 되었을

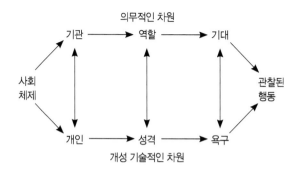

의무적인 차원

기관 ⟶ 역할 ⟶ 기대

사회
체제

관찰된
행동

개인 ⟶ 성격 ⟶ 욕구

개성 기술적인 차원

<그림> 사회체제 모형

때 그는 효과적으로 기능을 수행하려고 한다면 어떤 특정한 기대감에 부합되는 행동을 해야 할 뿐만 아니라 자신의 욕구를 충족시킬 수 있는 기회도 가져야 한다. 게젤스와 구바가 제시한 사회체제의 모형을 통해서 이와 같은 사실은 규명될 수 있다.

　학교와 같은 조직 내에서 한 개인이 행하는 행동은 학교에 대한 자신의 의무를 이행하거나 자신의 욕구를 충족시킨 결과이다. 이와 같은 두 가지의 역할이 한 행동을 통해서 동시에 수행될 때, 개인은 만족감을 얻는다. 그러나 그렇지 않은 경우에는 갈등을 겪는다. 교사는 자신의 개성에 따라서 역할을 수행할 수 있는 기회는, 예컨대 군인보다 더 많다. 그러나 예술가들보다는 적다. 스핀들러는 미국에서 학교의 교장이 어떤 방법으로 자신의 역할을 효과적으로 수행하는가를 다음과 같은 예로써 설명하고 있다.

"…그러나 역할과 개성은 서로 조화를 이루어야 한다고 단언하지 않도록 하기 위해서 역할은 개성에 따라서 변한다는 점에 우리는 유의해야 한다. 예컨대, 대도시에 있는 한 학교에서 교장으로 재직하고 있었던 나이가 30대 후반부에 있었던 어떤 교장은 다면적인 성격의 소유자였다. 그는 성질이 괄괄했다. 특히 정책적인 문제에 관해서 교직원이나 장학사와 논쟁을 할 때 이와 같은 성격이 나타나곤 했다. 그러나 그는 용서하거나 망각하는 경향이 있었다. 때때로 무분별하게 술을 마신다. 그러나 학생들 주위에서는 그렇게 술을 마시지는 않는다. 그는 경마를 좋아해서 가끔 구경을 갔다. 그는 교사·학생, 그리고 일반 사람들에게는 인기가 있었다. …그는 자신의 전문적인 역할을 잘 수행해 냈다. 그리고 한걸음 더 나아가서 역할의 지엽적(枝葉的)인 측면과 관계가 있는 대중적인 이미지의 한계를 검토하려고 했다."

이 장에서는 교사의 성격에 관해서보다는 오히려 여러

가지 교사의 역할이 지니고 있는 기대체계에 관해서 논의
할 것이다.

(1) 교사의 기본적인 역할

앞 장에서 우리는 사회라는 견지에서 몇 가지 기본적인
교사의 역할을 살펴보았다. 교사들 자신이 그들의 기본적
인 역할을 어떻게 생각하고 있는지를 알아보기 위해서, 머
스그러브와 테일러는 6가지의 목적에 관해서 서로 다른
학교에서 근무하고 있는 교사집단에게 질문을 했다. 6가
지의 목적은 다음과 같다. 즉, 도덕적 훈련, 교과내용의 교
수, 사회성 훈련, 가정생활을 위한 교육, 사회적 발전과 시
민교육이다.

여러 가지 서로 다른 상황 속에서 교사의 역할 지각 간
에는 몇 가지 차이점이 있었다. 그러나 일반적으로 도덕
성 훈련보다는 교수를 더 강조하고 있었다. 사회적 발전
에 관한 응답자가 가장 적었다. 이런 사실을 통해서 볼 때
교사는 사회성 발달에 직접적으로 기여하고 있는 것이 아
니라 간접적인 방식으로 기여하고 있다고 교사들 자신은

생각하고 있었다고 할 수 있다. 시민교육 혹은 가정생활을 위한 교육을 추구하고 있는 교사는, 이러한 연구결과를 통해서 볼 때 동료교사들의 역할 기대와는 상당한 거리감이 있다는 것이 분명하다.

그러나 교사가 효과적으로 행동을 하려면 누구나가 충족시켜야민 되는 교시의 역할에는 하나의 기본적 기대 체계가 있다는 사실을 알아야 한다. 광범위한 사회적 역할을 잘 수행하기에 앞서, 교사는 학급을 통제할 수 있어야만 한다. 통제는 교사의 역할에 관한 모든 기대체계 중에서 가장 근본적인 것이다.

일반적으로 대중이 생각하는 교사란 채점을 하거나, 실험을 하거나, 교구를 마련하는 사람이기보다는 학생에 대한 권위를 유지할 수 있는 사람이다. 학급을 통제할 수 있는 능력은 동료교사들이 교사에게 대해서 기대하는 역할 중에서 가장 기본적인 것이다. 또한 교장의 입장에서 볼 때, 교사의 능력은 질서를 유지할 수 있는 능력에 의해서 평가된다. 학생의 자발성이나 창의성을 개발하는 데는 성공을 했다고 하더라도 학급을 통제할 수 없다면 비효과적인 교사라고 간주되는 경우가 있다.

질서를 유지할 수 없는 교사는 학교의 질서에 대한 위협

자로 간주된다. 이와 같은 통제에 대한 선입견 때문에 교사는 규범을 설정한다. 규범 속에는 학생과 '사회적 거리감'을 유지하는 것이 있다. 또한 동료와 상호작용을 해나가는 데는 일정한 형식이 있게 마련이다. 교사의 편에서 보면 학생을 지나치게 안다는 것은 자신의 권위에 대한 위협적인 요인이다. 교무실에 들어갈 때 학생이 '노크를 하고 기다리는 것'은 학생들에게 교사의 해이된 모습을 보여주지 않기 위한 것이다.

월러는 교사의 능력이란 권위적인 존재로서 인정될 수 있는 수준에 의해서 결정된다는 점을 지적했다. 그는 다음과 같이 설명하고 있다.

"교사와 학생간의 관계는 일종의 지배와 복종의 관계이다. 교사와 학생은 원래 상반된 욕구를 가지고 행동한다. 갈등은 어느 정도 해소될 수 있다. 그러나 표면화되지는 않는다고 하더라도 완전히 해소되는 것은 아니다. 교사는 성인집단을 대표하는 것이며, 아동이 자발적으로 생활해나가는 데는 대립된다. 교사는 형식적인 교육과정을 대표하고 있다. 그래서 교사의 관심은 교육 내용을 아동들에게 전달하는 데 있다. 그러나 학생은 교사가 제시하는 성인생활보다는 오히려 자기 나름대로 생각하는 세계에 관해서 더 관심을 기울인다. 교사는 학교에서 기존의 사회 질서를 전달한다. 그의 관심은 질서를 유지하는 데 있다. 이에 반해서 학생은 단지 상부구조에 관해서 부정적인 경향이 있다. 교사와 학생은 서로 상반되는 태도를 갖고 있다. 학생은 교사에게 있어서는 소재로 간주된다. 그러나 학생은 자발적으로 자아를 실현하려는 존재인 것이다. 그러므로 양자의 목적 중 한쪽만 달성되는 경우, 다른 한쪽의 목적은 희생되게 마련이다."

이와 같은 혁신적인 내용은 서머힐과 같은 진보적인 학교의 교사들에게까지도 매우 의문시되었다. 그러나 오늘날 교사와 학생의 역할에 대한 기대는 적대감이라는 가정(假定)에서 설명되는 것이 효과적일 것이다. 이와 같은 교사와 학생의 역할을 완전히 다시 정의를 하는 경우에만 없어질 것이다. 현재까지도 통제는 교실의 규범으로써 널리 인정되고 있다. 또한 교사는 학생에 관해서 너무 많이 이야기하는 것은 적합하지 않다는 점을 알아야 한다.

(2) 교장의 역할

여러 가지의 역사적 이유 때문에, 교장의 역할은 영국의 학교에서 매우 중시되었다. 또한 교장의 역할은 다른 사회에서의 교장의 역할과는 달리 매우 권위적인 것이 특징이다. 우리나라에는 교장의 역할에 관한 연구가 거의 없기 때문에, 우리는 다만 미국에서 행한 교장의 역할에 관한 연구를 통해서 몇 가지 사실을 추론해 볼 수밖에 없다.

첫째, 교장은 행정가라기보다는 지도자이어야 한다는 기대가 있다. 즉, 그는 학교 교육의 목표에 관해서 개혁가이어야 할 것이다. 여러 가지 상황 속에서 지도자인 교장은 두 가지 기본적인 기능을 수행하려고 노력해야 한다. 즉, 그는 '목표 지향적'이어야 한다. 다시 말해서 어떤 목표를 설정하고, 그 목표를 실현하려고 노력해야만 한다. 또한 그는 '인간에 대해서 깊은 관심'을 가질 수 있는 자라야 한다. 다시 말해서 그는 직원들의 개인적인 욕구를 충족시켜 주려고 노력해야 한다.

게젤스와 구바의 용어를 빌려 말한다면 그는 의무적 차원과 개성기술적 차원을 조정하려고 노력해야만 한다.

햄필과 쿤스의 용어로 말한다면, 그는 초보적인 구조와 분별의 차원을 상호 조정해야만 한다.

초보적 구조는 교장과 교사만의 형식적인 관계와 밀접한 관계가 있다. 이와 같은 측면을 강조하는 교장은 교직원들에게 자신의 태도를 명확히 밝히고 잘못된 일에 대해서는 비판하며, 능력의 수준을 명확하게 유지하고, 교사가 표준이 되는 규칙에 따를 것을 요구한다.

분별은 교사와 교장간의 비형식적인 관계와 관계가 있다. 이와 같은 측면을 강조하는 교장은 교직원들에게 개인적으로 호의를 갖고 있으며 교원들의 말을 들을 수 있는 시간을 마련하며, 교사의 제의를 실천하고, 중요한 문제에 관해서는 교사들의 승인을 얻는다. 교장의 지도방식은 학교의 분위기에 큰 영향을 준다.

햄필의 연구를 발전시킨 헬핀은 학교의 분위기를 연구하기 위하여 척도를 고안했다. 분위기를 6가지의 유형으로 분류했다. 즉, 개방적 · 자율적 · 통제적 · 폐쇄적 · 친밀성 · 관습적인 분위기로 분류했다. 여기에서는 이와 같은 분위기를 상세하게 논의할 수 없다. 그러나 헬핀이 가장 좋은 분위기라고 생각했던 개방적인 분위기에 관해서 잠깐 살펴보기로 하자.

개방적인 분위기는 교사가 함께 일을 잘 해나가며, 일에 대한 욕구를 가지고서, 조직이 활발하게 유지되도록 활동하려는 동기가 없어도 교사와 학생 간에 고도의 친밀성을 유지할 수 있다는 점이 그 특징이다. 교장은 상황에 따라서 교사를 돕거나 비판을 하며, 열심히 일함으로써 모범을 보인다. 그는 교사의 사회적인 욕구를 충족시키는 데 있어서 호의를 보인다. 그는 규칙을 정하기는 하지만, 그 규칙은 매우 융통성이 있다.

이 연구가 미국의 학교에서 실시되었던 것이기는 하지만, 이 연구에서 언급된 분위기는 영국의 학교에도 해당될 수 있다. 물론 그러나 영국 학교의 분위기는 교장이 자신의 역할을 지각(知覺)하고 수행하는 방법에 의해서 결정된다는 점은 의심할 여지가 없다. 그리고 중등학교의 규모가 커지고 조직이 복잡해짐에 따라서, 교장은 자신의 역할에 대해서 다시 평가하지 않으면 안 되게 되었다. 그는 결정구조와 의사소통 방식을 재고할 필요가 있다는 것을 알게 되었다. 또한 역할의 분배방식과 시설에 관해서도 전문적으로 검토하게 되었다.

이와 같은 요인들은 규모가 작은 학교에서도 매우 중요하다. 초등학교의 교장이 담임을 정할 때에도, 그는 의무적 기능과 개성 기술적 기능을 조정하는 데 관심을 갖게 된다. 교장의 지도자적인 역할의 복잡성을 고려할 때, 지도자가 되기 위한 훈련을 하지 않는다는 것은 매우 이상한 일이다. 학교행정에 관한 연구결과를 통해서 볼 때, 현재까지도 교장의 역할에 관한 훈련이나 교육은 비체계적이다.

교장의 역할에 관한 논의에서 잠깐 눈을 돌려 교사들이 생각하고 있는 교장의 역할에 대한 기대를 살펴보기로 하자. 시카고에서 행한 연구에서, 교사들은 교장의 권위에 관해서 인정하고 있지만—비록 임무수행과 관계가 없는 것이라도—교사들은 교장에 대해서 특수한 기대를 하고 있다는 사실이 판명되었다.

이와 같은 기대 가운데서 가장 중요한 것은 교장은 학생과 부모에 대해서 '교사를 후원'해야 한다는 점이었다. 교사가 실수를 하거나 잘못을 저질렀다고 하더라도 교장은, 후에 교사를 교육시킬 수도 있지만, 무엇보다도 교사를 우선 도와주어야 한다. 그러나 베커가 지적했던 바와 마찬가지로, 모든 교장이 이와 같은 기대에 맞게 행동하고 있지는 않다. 교사를 후원하지 못한 이유는 '자유방임주의' 때문이거나 학부모와 교사의 양측면을 볼 수 있는 능력이 부족하기 때문이다. 이 연구에 참여했던 교사들은 학교의 분위기와 통제능력은 교장의 엄밀성과 관계가 있었다고 답변했다. 그리고 통제를 되도록 줄였던 교장이—특히 하류계층의 사람들이 거주하는 지역에서—가장 존경을 받았다. 이와 비슷한 기대는 영국의 교장에게도 해당될 것이다. 교장이 문제의 양측면을 볼 수 있는 능력이 없을 경우, 그가 교사를 후원하는 데는 반드시 갈등이 야기될 것이다.

오웰이 쓴 소설인 『버어마 시절』에서, 영국인 마님은 말을 잘 듣지 않는 하인에게 "이 쪽지를 가지고 가는 사람에게 곧장 30대를 때려 주시오"라고 쓴 쪽지를 가지고 경찰서에 가도록 했다.

이와 비슷한 상황에 영국의 학교에서 일어나고 있다. 화가 난 교사는 흔히 "나는 이 학생을 매질하고 싶다"는 내용의 쪽지를 가지고 학생이 교장에게 직접 가도록 했다. 이와 같은 요구에 대해서, 교장이 전후관계를 살핀 후 처리할 때 교장은 매우 자상한 사람으로 간주된다.

필립스는 직접 아동을 가르치는 교사의 역할을 전혀 수행하지 않는 교장은 할아버지와 같은 역할을 한다고 주장했다. 이와 같은 교장은 직접 통제라는 의무를 갖고 있는 부모의 역할보다도 더 관대하다. 관대한 교장은 옛날 네덜란드의 아저씨와 같다.

(3) 학교 안에서의 전문적인 역할

학교 안에서 교사는 여러 가지로 분류된다. 또한 이러한 분류에 따라서 그들에게 부여되는 기대는 다양하다. 권위에 의한 분류방식이 있다. 교장 이외에 학교 안에서 근무하는 다른 권위자의 역할에는 과주임(科主任) 등이 있다. 이들과 일반교사와의 관계에 관해서 우리는 과주임이 교장이 직면하고 있는 지도의 문제와 정도의 차이는 있지만, 지도문제에 직면하고 있다고 요약할 수 있다. 분류의 다른 기초는 가르치는 학생의 연령이다. 학생은 나이를 먹어감에 따라서 교사에 대한 기대는 사회화의 대행자에서부터 교수자(敎授者)로 변모된다.

어머니와 같은 역할은 유아학교(幼兒學校) 교사에게 매우 적합하다. 왜냐하면 어머니의 주된 임무는 어린아이를 심리적으로 보호하는 것이기 때문이다. 그러나 어머니의 역할만으로는 불충분할 경우도 있다. 여학교의 여교장은 혼히 사범대학에 응시하는 학생들의 추천서를 다음과 같이 쓴다.

"우드 양은 매우 훌륭한 소녀입니다. 비록 총명하지는 못하지만 훌륭한 유아교사가 될 것입니다."

유아교사로서 지적인 능력이 필요하다는 점은 그렇게 중시되지 않았다. 중등학교의 교사는 교과전문가라는 생각이 일반적인 경향이었다. 이와 같은 경향은 일반적으로 유익했다고 할 수 있다. 한 과목을 전공한 교사는 그 과목에 관한 서적을 읽거나, 강좌를 실시하거나, 영어교사협회나 체육교육협회와 같은 전문기관에 가입함으로써 그 과목에 대한 교육내용의 개발에 관심을 기울일 수 있다. 그러나 이와 같은 교사의 역할 속에는 위험이 내포되어 있다. 교과에 주력하는 교사는 학구적인 나머지 학생과는 너무 거리가 먼 경우가 있다. 교사의 사회화에 대한 역할이 무시될 수도 있다. 그러나 교사는 교과의 전문가로서 수업을 해야 하며, 사회화의 문제는 대략 상담자와 같은 역할을 통해서 수행되어야 할 것이다.

전문가가 가르치는 교과는 동료나 학생들이 그에 대해

갖고 있는 기대체계(期待體系)에 영향을 주는 것 같다. 그리고 교사 자신이 생각하고 있는 자신의 역할은 교수방식과 밀접한 관계가 있다. 심리적인 특성 때문에 교사는 특정한 주제에 매력을 느낄 수 있다. 그러나 이와 같은 심리적인 특성은 그 역할에 대해서 갖는 기대체계에 의해서 강화된다. 여자중학교 교사의 역할에 관한 연구에서, 캐논은 여교사가 훈련을 받는 기간 동안 사회적으로나 지리적으로 고립되어 있었거나, 체육을 하거나, 방을 정돈하는 일 등으로 인해서 동료들과 학교에서 동떨어져 있었다면 그녀는 '자기의 이미지'를 제한할 수밖에 없다는 사실을 밝히고 있다. 동료들은 그녀에 대해서 경멸·시기, 혹은 애정을 갖는다. 이와 같은 기대는 역할을 규정한다. 그러나 캐논이 지적했던 것처럼, 이와 같은 제약에도 불구하고 그녀는 5가지의 기능을 수행했다. 간호사나 의료보조원, 신체적이나 정신적인 건강의 증진, 세련된 수행자와 코치, 학생운동의 조직가, 그리고 춤을 통한 미적(美的) 능력의 배양과 같은 기능을 한다.

(4) 학교 안에서의 직업적인 역할

전문직의 중요한 특성 가운데 하나는 그 직업에 종사하는 사람들이 직접적인 임무보다는 오히려 어느 정도의 자율성을 가지고 있다는 점이다.

교사의 경우, 이러한 자율성에는 무엇을 어떻게 가르쳐야 할 것인가에 관한 선택의 수준이 높다는 점이 포함되어 있다. 그러나 전문직에 관한 정의는 그 직능을 수행하는 자가 독립적으로 활동하는 의학이나 법학을 기준으로 규정되고 있다. 그리고 조직내에서 일하고 있는 전문가들은 공통의 목표를 달성하거나 협조를 하는데 있어서 어느 정도 자신의 자율성을 억제해야 한다. 그러므로 교사는 학교조직의 명령, 예컨대 시간표와 같은 것에 순응해야 하며, 공통적 교육내용을 추구해야 한다. 그러나 교사가 쟁취할 수 있는 실제적인 자율성의 정도는 두 가지 상호 관련된 요인에 의해서 결정된다. 즉, 학교 안에서의 행정적인 관계와 전문직에 대한 태도, 행동적인 관계의 문제를 고려할 때 교장이 어떻게 자신의 역할을 생각하는지에 관해서 생각해 보아야 한다.

코윈은 학교 내에서의 두 가지 역할을 규정했다. 즉, 피고용인의 역할과 전문가의 역할이다. 피고용인의 역할에 대한 기대 속에는 상급자가 결정한 규칙을 준수하는 것과 규정된 절차에 따르는 것, 표준화된 교육 내용과 교수방법, 그리고 애교심(愛校心) 등이 있다. 그러나 전문적인 역할에 대한 기대에는 문제를 융통성 있게 처리한다거나, 전문적인 지식을 응용하여 지도하는 문제와, 교육내용이나 교수방법에 대해서 결정을 내릴 때 교사가 참여하거나, 전문가로서의 임무에 충실할 것 등이 그 내용이다. 조직의 요구가 허용하는 범위 안에서, 교사가 전문적인 역할을 수행할 수 있는 정도는 교사의 역할에 대한 교장의 견해나 이와 같은 역할을 수행하는 데 교사가 사용하는 제재(制裁) 방법에 의해서 결정된다. 교장이 단지 질서를 유지하기 위해서 최소한의 규칙만을 적용할 경우, 교사는 자율성을 누릴 수 있게 됨으로써 개방적인 분위기를 만들 수 있다. 그러나 폐쇄적인 분위기 속에서 교장이 교사의 행동을 상세하게 규제하는 경우, 교사는 단지 피고용인으로 간주될 수밖에는 없다. 앞에서 고찰해 본 바와 마찬가지로 교사는 이와 같은 기대에 순응할 것이다.

그러나 교사 자신은 교장의 기대와 대치되기도 하는 자기 나름대로의 생각을 가지고 있다.

골드너는 '코스모폴리탄'과 '로컬' 간의 차이점을 다음과 같이 구분했다. '로컬'이란 그가 활동하는 조직에 충성을 하거나, 조직의 성원에게 기대되는 행동에 충실한 교사를 말한다. 그러나 '코스모폴리탄'은 한 조직에만 개입되어 있는 것이 아니라, 그의 활동은 학교 밖의 다른 동료 전문가에 의해서 더 많이 영향을 받는다. 이와 같은 두 가지 '잠재적인 사회적 역할'은 학교의 분위기에 지대한 영향을 준다. 조직에 충성을 다하는 교사는 보다 유동적이고 전문적인 '코스모폴리탄'의 역할보다는 피고용인의 역할을 수행하는 경향이 있다.

교사의 역할을 규정하는 데 있어서 교사와 교장사이에 갈등이 생길 가능성이 있다. 갈등 상황에 접할 경우, 교사는 적응이라는 문제에 직면하게 된다. 교사들이 어떻게 적응하는지에 관해서 우리는 잘 모르고 있다. 그러나 코윈은 페이지가 보고했던 것을 이용하여 미국 대학교수들 간의 적응상태를 다음과 같이 기술했다.

'의식주의자'는 조직의 모든 규칙이나 규정을 준수한다. '신경증적인 자'는 규칙과 실제 간의 차이에 관해서 고민한다. '귀족적인 자'는 자신이 생각하고 있는 것이 원래는 전문적인 목표였다고 생각한다. '반항적인 자'는 모든 관료적인 규칙을 무시한다.

프레서스는 산업조직에 관한 전문가이다. 그는 적응의 세 가지 방식을 다음과 같이 설명했다. '상승이동'은 현상유지를 인정하고, 학교 내에서 승진을 하는 것을 표시하는 용어이다. '방관자'는 전문적으로 참여하지 않고, 자신의 임무만을 수행하며, 자신은 다른 곳에서 만족을 얻는다. '이중적인 사람'은 학교의 관료적인 요구에 순응할 수 없다. 그러나 그는 자신의 역할에 대해서 가끔 전문적이기도 하며, 또 필요에 따라서는 변화되기도 한다. 학교 교사의 적응방식에 관해서 언급하려면 앞으로 많은 연구가 있어야 할 것이다. 또한 교사에게 만족감을 주며, 효과적인 적응방식이 무엇인가를 알기 위해서는 앞으로 많은 연구가 필요하다.

(5) 학교 안에서의 비형식적인 역할

모든 조직은 형식적인 조직과 비형식적인 구조를 갖고 있다. 학교의 비형식적인 구조는 교사들 간의 비계획적인 교제방식으로 구성된다. 비형식적인 구조는 세 가지 기능을 갖고 있다.

첫째, 형식적인 구조 속에서는 전혀 허용되지 않는 방식으로 자신을 표현할 수 있다.

둘째, 비형식적인 구조를 통해서 개인의 형식적인 임무수행이 용이하게 된다. 왜냐하면 형식적인 구조속에서는 구체적으로 개인이 무엇을 해야 할 것인지를 규정할 수 없기 때문이다.

셋째, 비형식적인 구조를 통해서 공식적인 조직의 목적이나 절차가 수정될 수도 있다.

학교의 비형식적인 구조는 매우 미묘하기 때문에 이를 파악하기 위해서는 정확하게 관찰하는 것이 필요하다. 하그리브스는 학생의 비형식적인 역할에 관해서만 매우 깊이 있게 연구했다. 그러나 필립스는 교사의 비형식적인 관계만을 보고했다. 하지만 학교의 비형식적인 구조는 개인이나 조직에 있어서 매우 중요하다. 교무실에서의 조언과 같은 비형식적인 역할은 학교의 분위기에 영향을 준다.

래너콘은 교직원의 비형식적인 권력구조와 교장의 통제에 대한 여러 가지 기능을 개괄적으로 기술했다. 교사의 비형식적인 역할에 관해서 일반화를 하기에는 아직도 충분한 연구가 되어 있지 않다.

(6) 교사의 역할수행에 장애가 되는 요인

교사의 역할과 기대를 형성하는 데 영향을 주는 요인이 몇 가지 있다. 이와 같은 요인 중 여기에서는 몇 가지만 언급하고자 한다.

교사의 나이 · 성별 · 자격, 혹은 다른 속성들은 기대감과 자아개념에 영향을 준다. 특히, 자격이 중요하다. 교사가 대학을 졸업했느냐 혹은 하지 않았느냐 하는 것은 동료들이나 학생들이 그를 어떻게 보느냐를 결정하는 요인이다. 대학 졸업의 여부는 특수한 편견을 갖게 된다. 대학을 졸업한 사람은 대학을 졸업하지 못한 사람들은 교재를 적절하게 가르칠 수 없다고 생각하는 경향이 있다. 대학을 졸업하지 못한 교사는 대학을 졸업한 교사들이 교과내용에 대해서는 더 깊이 있게 알고 있지만, 이러한 교과내용은 학교의 상황에 비추어 볼 때 부적당하며, 그들은 학생들에게 너무 학구적인 것을 강조하는 경향이 있다고 생각했다. 더군다나, 대학을 졸업한 교사는 수업을 전개할 수 있는 능력을 충분하게 가지고 있지 못한 것처럼 인식되고 있다.

이와 같은 의심에 대해서 두 가지의 적응방법이 있다. 대학을 졸업한 교사가 수업을 전개할 수 있는 능력을 기르도록 하거나, 대학을 졸업하지 못한 교사가 보다 깊이 있는 학문을 배워서 지적인 능력을 갖도록 하는 것과 같은 보상의 방법을 택할 수 있다. 대학을 졸업한 교사는 교과에 관한 지식의 중요성을 강조하면서도 교육방법은 하찮게 여긴다. 이에 반해서 대학을 졸업하지 못한 교사는 이와 정반대의 특질을 강조한다는 점에서 '과정의 형식'을 택할 수도 있다.

독일에서 행한 한 연구에서, 코프는 교사들 간의 자아에 대한 이미지는 두 가지 유형이 있다고 주장했다. A형의 경우, "전문적인 역할에 대한 해석은 학문적인 배경에 의해서가 아니라 교사 관에 의해서 형성된다. 그들의 특수한 학문적 훈련은 교육적인 기능에 종속되어 있다." 그래서 그들은 교수능력은 교육학적인 기술에 의해 결정된다고 주장했다. B형의 경우에는 "문학적인 자격이나 교과에 대한 전문지식에 의해서 결정된다." 그래서 그들은 학교에서 교사는 학문적으로 우수한 사람이어야 한다고 주장한다.

교사가 근무하는 학교의 유형은 중요한 변인이다. 그래미 스쿨에서 근무하는 대학을 졸업한 교사는 모던 스쿨의 교사보다 훨씬 일하기가 쉽다. 왜냐하면 그 학교의 학문적인 윤리 때문에 역할을 수행하기가 쉽기 때문이다.

머스그러브와 테일러는 모던 스쿨의 교사는 그래머 스쿨의 교사보다도 사회적인 교육목표가 더 중요하다고 생각한다는 사실을 발견했다.

미드는 여러 가지 서로 다른 미국 학교에 적합한 역할들을 설명했다. 인구가 밀집된 도시지역에 있는 학교에서 근무하는 교사가 학문적으로 성공하기를 기대할 경우 '부모'에 비유되고 있다. 학구적인 학교에 근무하는 교사는 '조부모'에 비유되고 있다.

이러한 역할과 가장 가까운 교사는 고전(古典)을 가르치는 교사, 혹은 고정적이고 확고부동한 지식을 가르치는, 예컨대 과학을 가르치는 교사들이다. 고전을 가르치는 우수한 교사는 학생들에게 원만한 혹은 생활과 관계가 있는 것을 가르친다. 또한 그는 과거에 이미 완성해 놓은 옛날 이야기를 전달한다. 새로운 것을 탐구한다는 것은 거의 기대할 수 없다.

학교의 내부조직은 교사가 자신의 역할을 지각하는 방법과 밀접한 관계가 있다고 생각할 수 있다. 한 미국인의 연구에서, 한 교사가 하루의 대부분을 한 학구에서만 가르쳤던 미국의 어떤 고등학교의 경우 학생들은 집단의식이 강했으며, 교사는 학급학생의 복지에도 관심을 기울였다. 이와는 달리, 전문화에 따라서 조직된 학교에 근무하는 교사들은 임무를 지향하는 경향이 강했다. 그래서 그들은 자신을 교수자(教授者)라고 생각했다.

학생의 주거지역은 교사의 역할에 대한 교사 자신의 견해에 영향을 준다. 머스그러브와 테일러의 연구에 의하면, 중류계층이 지배적으로 많이 거주하고 있는 지역의 초등학교 교사들은 노동자 계급이 모여 사는 지역의 교사들보다도 훨씬 더 제한적인 역할 관을 가지고 있었다. 노동자들이 거주하는 지역에 근무하는 교사는 보다 광범위한 사회적 목표에 관심을 기울였다.

(7) 결론

교사의 행동은 부분적으로는 자신의 성격에 의해서, 그리고 부분적으로는 교사인 그에 대한 기대에 의해서 결정된다. 그러나 교사의 역할은 권위·기능·나이·성별과 같은 속성, 그리고 자격이나 사회적 지위에 의해서 분화된다. 더군다나, 교사는 그가 가르치고 있는 학교의 유형과 학교가 위치하고 있는 지역에 따라서 서로 다른 역할을 수행한다. 특정한 방식으로 한 교사가 역할을 수행하도록 하는 요인은 사회학자의 문제가 아니라 심리학자의 문제라고 할 수 있다. 사회학자는 개인이 아니라 집단의 행동방식에 관심을 갖는다. 그런데 이와 같은 행동방식을 규명하려는 연구가 최근에 와서 증가되고 있다.

제4장

교실 안에서의 교사

교실 안에서의 교사

교사는 교실에서 자유와 자율성을 비교적 많이 누릴 수 있다. 그는 감독을 받지 않고 수업을 한다. 그는 비교적 자유롭게 가르칠 수 있다. 왜냐하면 영국의 학교에서는 교수요목(敎授要目)이나 강의안(講義案)을 자세하게 기록하여 제출하고 있지 않기 때문이다. 이와 같은 자율성 때문에 교사는 자기 나름대로 가르치는 내용이나 방법을 결정할 수 있다.

교실 안에서는 집단의 특성 때문에 생기는 제약이 항상 있다. 교사는 자신이 설정했던 역할이 특수한 상황 하에서 부적당하게 될 수도 있다는 점을 알아야 한다.

웨브가 설명했던 블랙 스쿨에 부임한 초임교사의 경우

에서처럼, 교사 자신의 성격상 자신의 역할을 민주적이고 비교적 허용적인 방식으로 수행하려고 할지도 모른다. 그러나 그가 담당해야 할 학급의 특성 때문에 이러한 생각을 수정해야만 할 경우도 있다.

교실에서 교사가 역할을 수행하는 방법은 앞 장에서 논의했던 외적(外的)인 요인들과 교수환경이나 교사 자신의 성격에 의해서 결정된다. 그러므로 교실 내에서의 교사의 역할은 다양하다. 그런데 이 장에서는 세 가지 특수한 면, 즉 ① 교사의 부수적인 역할, ② 지도능력으로서의 교수, ③ 교수방식에 관해서 고찰하려고 한다.

(1) 교사의 부수적인 역할

교실에서 교사는 두 가지 종류의 역할을 수행한다. 그 하나는 교수·사회화·평가와 같은 주된 기능에 해당되는 것이며, 둘째는 학생의 동기를 유발하고 조정하며, 학습 환경을 조성하는 것과 관계가 있다. 우리는 이와 같은 것을 '촉진적인 역할'이라고 부를 수 있다.

교사가 시끄러운 교실에 들어갔을 때 가르치는 역할을

수행하기 전에 조용한 분위기를 조성하는 것처럼, 때때로 이러한 두 가지 역할은 독립적으로 수행되기도 한다. 그러나 이러한 두 가지 역할은 쉽게 구분되는 것은 아니며, 교사는 이를 별개의 것이라고 생각하지 않는다. 교실 안에서 몇 가지의 기능을 동시에 수행하기 위하여, 교사는 일련의 부수적인 역할을 수행한다. 어떤 교사는 부수적인 역할을 조금 수행하는가 하면, 또 어떤 교사는 다양하게 사용하기도 한다. 부수적인 역할의 목록을 제시할 만큼 충분하게 교실 안에서의 교사의 역할에 관해서 연구된 바는 없다.

　그러나 레들과 바텐버그는 몇 가지 부수적인 역할에 관해서 언급했다. 이들은 각각의 부수적인 역할의 기능을 다음과 같이 설명했다.

① 사회의 대표자(도덕적인 교훈을 전달한다.)

② 판정자(점수와 석차를 정한다.)

③ 재원(지식과 기술을 가지고 있다.)

④ 조력자(학생의 문제에 대해 상담을 한다.)

⑤ 심판(학생들 간의 분란을 조정한다.)

⑥ 탐정(규칙 위반자를 찾는다.)

⑦ 동일시의 대상(아동이 모방할 만한 특성을 지니고 있다.)

⑧ 불안의 억제자(아동이 충동을 조정하도록 도와준다.)

⑨ 자아의 보존자(아동이 자신을 갖도록 도와준다.)

⑩ 집단의 지도자(집단의 분위기를 확립한다.)

⑪ 부모의 대리인(아동이 주목할 만한 것을 명령한다.)

⑫ 적대감의 표적(성인들 때문에 생긴 좌절감으로 인해서 형성된 공격성의 대상이 된다.)

⑬ 친구(학생과 우호적인 관계를 맺는다.)

⑭ 애정의 대상(아동의 심리적인 욕구를 충족시켜 준다.)

2장에서 논의했던 교사의 역할은 주로 교사와 학생간의 상호작용이라는 관점에서 세분(細分)되었다는 점을 알 수 있을 것이다. 또한 기능적인 역할과 촉진적인 역할이 모두 부수적인 역할로 기술될 수 있다는 점에 주목해야 한다. 이와 같은 역할들은 미국문화에서는 상대적인 것이다. 왜냐하면 유럽의 경우 교사의 부수적인 역할은 아동 중심적이 아니기 때문이다.

(2) 교사의 지도자로서의 역할

교사의 역할을 개념화할 수 있는 좋은 방법은 교사를 지도자로 간주하는 방법이다. 교사의 주된 임무는 그가 명확하게 제시했거나 미리 규정했던 행동목표에 학생이 도달하도록 이끌어 니기는 데 있다. 그는 기끔 학생들이 냉담한 가운데서 이러한 임무를 수행하는 경우도 있다. 학생이 열심히 공부하거나, 어른들이 인정할 수 있는 방식으로 아동이 행동하도록 하기 위하여 이러한 어려움은 극복되어야 한다. 그러므로 교사는 다양한 지도방법을 개발해야만 한다.

리피트, 화이트, 앤더슨, 버쉬, 플랜더스와 같은 학자들에 의해서 지도방식과 집단의 분위기간의 관계에 관한 연구가 많이 이루어졌다. 여기에서 이러한 연구를 소개할 필요는 없다. 그래서 독자들에게는 다만 이러한 연구의 결과 중에서 두 가지 중요한 사실만을 소개하려고 한다.

첫째는 교실 안에서 교사가 행한 지도의 적합성은 집단의 성격이나 과업과 밀접한 관계가 있다는 점이다. 학급은 나이 · 성별(性別) · 사회적 배경 · 능력에 따라서 다양하다. 그리고 교사의 지도행위는 이러한 차이점을 고려해야만 한다. 예컨대, 초등학교에서의 '어머니'와 같은 교사의 역할은 중등학교에서는 부적합하다. 그러나 능력이나 사회적 배경의 차이 때문에 지도하는 데는 어려움이 있다. 이러한 문제는 이미 2장에서 논의된 것이다.

교사는 학급 안의 몇몇 학생들——예컨대, 권위 있는 가문에서 태어난 아동——에게 적합한 지도방법을 개발할 수도 있다. 그러나 이와 다른 규범을 갖고 있는 가정에서 태어난 아동들에게는 부적합하다. 다양한 교수기능 때문에 지도방식의 차이가 생긴다. 예컨대, 사회화와 교수(敎授)는 서로 다를 수밖에 없다.

윌슨은 사회적인 힘 때문에 교사의 사회화에 대한 기능에 부적당한 도구적인 지도의 역할에 대한 압력이 생긴다는 제안을 했다. 그는 또한 이러한 경향이 청소년의 비행을 가중시키는 요인이라고 지적했다.

교사는 어떤 임무를 수행하기 위해서 학생의 활동을 지도하거나 행동을 조정하는 데 있어서 중심이 되어야 하고, 또 다른 어떤 임무를 수행하기 위해서 교사는 학생이 스스로 하고 있는 행동을 원만히 할 수 있는 올바른 조건을 마련해 주어야 할 경우도 있다. 수업을 할 때에는 여러 가지의 방법이 필요하다. 교사의 권위 유형 또한 다양하다.

교사가 직면하게 되는 가장 근본적인 문제 가운데 하나
는, 개입과 이탈의 어려움이다. 즉, 교사는 학생과 개인적
으로 밀착되어 개입함으로써 학생의 동기를 유발할 수 있
도록 학생과의 거리감을 없애야 할뿐만 아니라 교사로서
의 권위를 유지해야 한다.

월러는 교사들이 너무나도 형식적인 권위에 의존함으로
써 학생과 자유롭게 의견을 교환할 수 있는 기회가 줄어든
다고 믿었다. 그러나 개인적인 특질에 기초한 지도가 교
육을 위해서 가장 적합한 것이라고 할 수는 있지만, 가끔
학교에서는 이와 대치되는 현상이 생기기도 한다.

두 번째 사실은, 한 가지의 지도방식이 어느 때나 적절
한 것은 아니기 때문에, 훌륭한 교사는 자신의 행동을 융
통성 있게 적응시켜야 한다는 점이다. 유능한 교사는 희
극 배우의 역할, 친절한 아저씨의 역할, 혹은 비형식적인
역할을 수행할 수 있다. 그러나 학생의 호의를 잃지 않는
범위 안에서 초월적인 역할로 쉽게 되돌아갈 수 있는 능력
을 갖고 있다. 능력이 없는 교사도 비형식적인 역할을 잘
수행할 수는 있다. 그러나 권위를 다시 회복하는 데 어려

움을 느끼거나 통제 혹은 조정을 하기 위해서 공격적인 면을 나타냄으로써 학생들의 호의를 잃게 된다.

월러에 의하면 훌륭한 교사는 '사회적인 거리감이라고 하는 고무줄을 완전하게 늘이고 줄일 수 있는 사람'인 것이다. 커닝햄과 그녀의 동료들은 교실 안에서의 지도유형에 관한 연구를 통해서 다음과 같은 결론을 내렸다.

"관찰자들이 일반적으로 동의했던 교사는 상황에 따라서 이에 적합한 여러 가지 유형의 지도방식을 효과적으로 사용했다."

일반적으로 훌륭한 교사가 갖추어야 할 요인에 관한 연구는 훌륭한 교사라고 특징지을 수 있는 인격적인 특질만을 기술하고 가르치는 상황자체에 관한 본질은 무시하고 있다는 점에서 불충분하다. 그러나 분명히 훌륭한 교사의 특질 가운데 하나는 융통성이라고 할 수 있다.

3장에서 논의했던 게젤스와 구바의 사회체제 모형을 학습의 상황에 응용한 게젤스와 테렌은 어떤 상황(습자수업)에서 교사의 역할은 주로 책임성이 강조되는 데 반해서 어떤 상황(미술수업)에서는 주로 개성이 강조되기도 한다. 이들은 훌륭한 교사는 상황에 따라서 이에 알맞은 방식으로 대처할 수 있어야 한다고 주장했다. 훌륭한 교사란 다음과 같은 사람이라고 말할 수 있다.

① 교실의 상황이나 분위기의 변화를 정확하게 인식할 수 있는 기술을 가진 사람
② 여러 가지 상황에 따라서 그것에 적합한 교사의 역할을 알고 있는 사람
③ 상황의 변화에 적응할 수 있는 성격적인 특성을 가지고 있는 사람

(3) 교수방식

교사는 교실에서 일련의 공통적인 문제에 접하게 된다. 그러나 교사가 이러한 문제를 해결하는 방법은 매우 다양하다. 교사의 지도방식은 운영방식과 관계가 있다. 그러나 교수방법은 이것보다도 더 포괄적이다.

역할이란 말은 물론 행위를 하는 사람을 중심으로 사용되며, 연극적인 의미가 내포되어 있다. 의사는 환자를 다

루는 기술을 개발하며, 목사는 설교에 적합한 목소리를 내며, 교사는 학생의 주의를 집중시키거나 그가 가르치는 내용에 주목하도록 하기 위하여 연극적인 특성을 지녀야 한다.

강압적인 제재방법 이외에도 교사는 극적인 방법에 의존할 필요가 있다. 월러가 지적했던 바와 마찬가지로 교사는 학교에서 일어나는 일에 주의를 기울이는 것을 중요하게 여겨야 한다. 그는 규칙을 사용하지 않고도 질서를 잘 유지할 수 있어야만 한다. 교실 안에서 교사는 질서를 유지하기 위하여 학생의 잘못에 대하여 학생이 두려움을 느끼도록 할 수도 있다. 대부분의 교사들은 이러한 행동에 익숙해 있다. 이것은 피고에 대해서 유리한 판결을 내리는 법관보다 더 불성실한 행동은 아니며, 학생들도 기꺼이 스스로 용인한다. 이와 같은 행동은 오래 전부터 인정되어 왔던 것이다.

골드스미드는 〈폐허의 마을〉이라는 시(詩)속에서 어번이라고 하는 교장을 설명할 때 이와 같은 것을 잘 표현한 적이 있다.

그는 엄숙한 사람이었고, 엄격한 생각을 가졌다.

나는 그를 잘 알고 있고, 문제 학생들은 모두 그를 잘 알고 있다.

미리 벌벌 떠는 자는 아침에 그의 얼굴을 보면 그날의 문제점을 잘 알아보곤 했다.

그들은 모두 가식적인 미소를 활짝 지었다. 그가 농담을 할 때에도

그가 얼굴을 찌푸릴 때에 학생들은 주위를 돌아보거나, 주위에서 수근거렸다.

하지만 겉보기에는 엄격하지만, 그는 친절했다.

웃음이 가식적이었다는 데 주목해야 한다. 그러나 교장의 농담이 모두가 공감할 수 있는 농담이라는 사실에서 학생들은 즐거워했다.

교실 안에서 교사는 자신이 생각하는 이상적인 교사의 행동방식에 따라서 행동한다. 이와 같은 자신의 생각은 부분적으로는 교사의 성격에 의해서 결정되며, 또 한편으로는 학생을 가르친 경험에 의해서 영향을 받기도 한다. 그러므로 교수방법은 다양하게 전개되는 것이다. 테렌은 다음과 같이 기술하고 있다.

"교사 자신이 생각하는 모형에 따라서 학급이 운영되는 것처럼 보인다. 학급이 어떻게 되었으면 좋겠는가 하는 문제는 교사 자신의 생각에 의해 결정된다."

교사의 유형은 보통의 연구방법에 의해서는 지적할 수 없다. 흔히 이것은 비유적으로 표현하는 것이 더 의미가 있는 경우가 많다. 테렌은 교수방법의 7가지 모형을 제시하고 있다. 소크라테스적인 토론, 도시에서 만나는 것, 도제방식(徒弟方式), 경영자와 사원과의 관계, 상업적인 거래, 오랜 동안 명맥을 유지해온 팀, 안내원을 동반한 여행. 그리고 그는 이러한 방법의 효과를 각각 논의했다. 또 어떤 모형은 가족관계에 비유한 것도 있다.

아버지와 같은 교사

이러한 사람의 교수방법은 도구적인 면이 많다. 교사는 무엇을 해야 할지를 알고 가장 효과적인 방법으로 자기의 임무를 수행한다. 올바른 길은 오직 한 가지뿐이며, 규칙이나 훈련은 꼭 준수되어야 한다. 교사는 친절하며 모든 학생에 대해서 관심을 기울인다. 그러나 그는 감정에 치

우치지는 않는다.

할아버지와 같은 교사

교사는 훌륭하고 현명하며, 많은 것을 알고 있다. 그래서 그는 지식을 전달하는 일을 매우 즐겁게 생각한다. 그는 이야기꾼이므로 학생들은 늘기만 하더라도 많은 것을 배울 수 있다. 그러나 놀랍게도, 학생들이 항상 그의 말을 들을 준비를 하고 있는 것은 아니다. 그래서 가끔씩 학생들은 방관하기도 한다.

형님과 같은 교사

이들은 함께 일을 하고 경험을 공감하는 데 주력한다. 접근방법은 매우 실제적이다. 학생들은 사물을 다루는 방법을 직접 본 다음, 스스로 행동하며 어려움이 있을 때는 도움을 받는다. 교사는 학생과 함께 활동하는 데서 만족을 얻는다. 그러나 실패할 경우에는 좌절하곤 한다.

아저씨와 같은 교사

이러한 교사는 멀리 떨어져 있다가 많은 생각이나 지식을 가지고 돌아온 아저씨와 같다. 그래서 그는 학생들에게 그가 가지고 있는 것을 전해 주고 싶어 한다. 그는 매우 흥미롭기 때문에 학생들은 그를 좋아하며 서로 함께 활동한다. 통제하는 데는 문제가 없다. 왜냐하면 그는 관심의 분야를 자유롭게 옮김으로써 적절한 제재를 가할 수 있다.

사촌과 같은 교사

이러한 교사는 고집이 센 사촌과 같다. 그는 학생에게 가르칠 것은 많지만, 학생들에게는 관심이 없는 내용이다. 그의 마음속에는 항상 다른 문제들로 가득 차 있다. 가끔 그가 관심을 기울일 때에는 매우 자극적인 교사가 되기도 한다. 그러나 대부분의 경우 그는 단지 수동적으로 움직일 뿐이다. 학생의 반응이 별로 활발하지 않은 이유는 능력이 모자라거나 자신의 성격을 잘 이해하고 있지 못하기 때문이다.

교수방식은 교재나 학생을 취급하는 방법에 따라서 다양하다. 영국 교사의 교수유형에 관해서 윌킨슨은 다음과 같이 설명을 했다.

"그렌델의 어머니와 같은 교사로서 교사는 '문학의 유산'을 보호하는 사람처럼 행동을 한다.

군부대의 특무 상사와 같은 교사로서 교사는 영어를 훈련과목이라고 간주하고 연습시킨다.

프로이드와 같은 교사로서 교사는 갈등과 긴장을 해소시키는 수단으로써 작문을 이용한다.

집단 정신요법자와 같은 교사로서 교사는 치료방법으로써 연극을 이용한다.

인쇄물 교정자와 같은 교사로서 교사는 학생들이 쓴 작품은 교정되어야 할 게 있다고 생각한다.

교사다운 교사로서 교사는 핵심적인 사실을 가르치고 부수적인 것은 피한다. 그는 규칙을 좋아하며, 교무실에 있는 자기의 자리를 좋아한다."

교수유형은 지도유형보다도 더 폭넓은 개념이다. 교사는 자신의 성격적인 특성에 따라서 독특한 방식으로 수업을 진행해 나가지만, 어느 때나 한 가지의 방법만을 사용하는 것은 특수한 상황에 따라서 그에 알맞게 대처하는 것보다 훨씬 더 효과가 적다.

(4) 결론

교실 안에서 교사가 수행하는 역할과 그가 사용하는 교수방식은 매우 다양하다. 어떤 교사는 다른 교사보다도 더 제한된 방법을 사용하기도 한다. 그런데 교사의 역할 행동은 교사 자신의 성격·경험 그리고 수업환경의 특성에 의해서 결정되는 것이다. 만일 교사가 어떤 상황에 적합한 방법을 구사하지 못한다면, 그는 고민을 하거나 효과를 발휘할 수 없게 된다. 그래서 본장에서는 역할의 융통성을 강조했던 것이다. 교생은 교수가 교실에서 사용할 수 있는 확실한 방법을 가르쳐주지 않았다고 실망하는 경우가 종종 있다. 그러나 여러 가지 상황에 따라서 다양한 접근 방법이 요구되기 때문에, 교사의 개인적인 속성에 기초한 교수방법의 개발이 매우 중요한 것이다. 역할에 관한 지식과 여러 가지의 교수방법을 이해함으로써 교사는 그가 가르치고 있는 학급과의 관계를 보다 명확하게 알 수 있을 것이다. 노련한 교사들이 사용하고 있는 역할을 신중하게 관찰함으로써 자신에 대한 인식의 기회를 얻을 수 있다.

제5장

교사와 대중

교사와 대중

　교사는 학생과 동료교사 외에 다른 대중과 만난다. 학교 밖의 어떤 집단은 그들 나름대로 교사의 역할에 대한 기대를 가지고 있다. 이러한 집단 가운데는 학부형, 지방위원과 교육에 관해서 책임을 맡고 있는 집단이나 교육에 관심이 있는 기관이나 기성회 같은 것들이 있다. 게다가, 대중들은 일반적으로 그들 나름대로의 교사관(敎師觀)을 가지고 있다. 이와 같은 기대 체계가 교사에게 미치는 영향력은 사회마다 서로 다르다. 그러므로 이와 같은 관점에서 영국의 교사와 미국의 교사를 비교하는 것은 유익할 것이다.

(1) 영국과 미국의 교사와 지역사회

미국의 교사는 영국의 교사보다도 지역사회의 통제에 대해서 훨씬 더 민감하다. 이러한 경향은 교사의 행동뿐만 아니라 한 인간으로서의 성격에도 적용된다. 지역사회는 교사를 조정하려고 한다. 통제를 하는 데는 몇 가지 이유가 있다. 그러나 근본적인 차이가 생긴 이유는 서로 다른 통제방식을 취하게 했던 역사적인 요인 때문이다.

미국의 학교는 지역을 중심으로 설립되었다. 그래서 지역사회의 영향이 지대했다. 이와는 달리 영국에서는, 보편적인 초등교육이 국가적인 차원에서(교사의 자격기준 혹은 봉급의 체계) 국가적인 제도로써 발전되었다. 지역의 권위는 그보다 큰 행정 단위의 통제를 받았다. 그 결과 영국의 교사는 미국의 교사가 지역의 행정적인 통제를 받았던 것보다도 훨씬 더 적게 지역의 통제를 받았다. 또한 그는 부모의 압력에서 벗어날 수 있다. 왜냐하면 그는 단순히 지역사회를 대신하는 것이 아니라 전체사회를 대변하는 기능을 수행하기 때문이다. 베론과 트로프는 이와 같은 차이점에 대해 다음과 같이 기술했다.

"근본적인 차이점은 다음과 같이 요약할 수 있다. 즉, 영국의 교사는 국가적으로 인정되고 있는 가치를 다룸으로써 지역사회를 대표한다. 이에 반해서 미국에서는 교사가 수행해야 할 임무를 교사에게 제시하는 것이 지역사회인 것이다."

영국의 교사가 대중과 격리되어 있는 대다수의 학부모들보다도 더 오랜 기간 동안 교사교육을 받아야 한다는 사실에서 찾을 수 있다. 그러므로 교사는 부모들에 대해 지적(知的)인 권위를 유지하고 있으며, 이러한 전통에서부터 자신감을 가질 수 있다. 그러나 미국에서는 대다수의 학부모가 대학수준의 교육을 받았기 때문에, 그들은 교사의 권위에 대해서 도전하는 경향을 보이고 있다.

미국에서 교사의 생활전체에 대해서 지역사회가 상당한 정도로 통제하고 있다는 것은 널리 알려진 사실이다. 교사의 여가활동, 특히 여교사의 여가활동은 과거에 매우 제한되었었다(물론 이러한 압력은 미국 사회가 점점 도시화되면서부터 감소되고 있기는 하다). 이와 비슷한 방법으로 지역사회는 학교에서 가르치고 있는 내용을 조정할 수 있었다. 그러나 영국의 교사는 교수활동이나 여가활동에 대해서 지역사회의 통제를 거의 받지 않는다.

미국의 사친회(師親會)는 압력집단으로서 행동한다. 이에 반해서 영국의 사친회는 단지 기금을 모으는 데만 국한되어 있고, 교사들로부터 정보나 충고를 얻으려고 한다. 영국에서 담임교사는 학부모와 거의 접촉하지 않는다. 그는 학부모들을 일 년에 한번 정도 만나며, 그 밖에 학부모와 만나는 일은 모두 교장이 한다. 전통적으로 교문에는 하얀 줄이 그려져 있다는 것은 잘 알려진 사실이다. "어느 부모도 허락 없이는 이 선을 넘을 수 없다."는 글이 줄 위에 적혀 있다. 영국의 교사는 자신의 활동에 대한 학부모의 간섭에서 어느 정도 벗어나 있다. 그러므로 그는 학부모에게 영향을 줄 수도 없는 것이다.

커어가 기술했던 리버풀 지역에서, 교사는 경찰이나 사회사업가와 함께 참견하거나 조정하기를 좋아하는 사람으로 간주되었다. 그러나 자녀가 사회적으로 상승 이동을 하는 데 관심이 있는 중류계층의 부모들은 학교와 긴밀한 접촉을 하고자 하는 경향이 있다.

그래머 스쿨에 다니는 학생의 부모 중에서 하류계층의 부모들은 시험과목이나 대학입학의 자격과 같은 문제에 관해서 상의하려고 학교를 찾는 것을 꺼리고 있었다고 잭슨과 매스든은 보고했다.

머스그러브와 테일러는 어떻게 부모가 교사의 역할을 생각하며 교사의 역할을 부모가 보는 견해가 어떤가에 관해서 교사가 어떻게 생각하는가를 알아내려고 했다. 이 결과에 의하면, 부모는 교사 자신들과 마찬가지로, 교과내용을 가르치는 것과 도덕교육이 가장 중요한 교사의 기능이라고 생각했다. 그러나 부모들은 사회적인 발전을 매우 중요한 것으로 간주하고 도덕교육을 매우 사소한 것이라는 반응을 했다고 교사들은 보고했다.

미국의 부모들을 영국의 부모보다 학교와 긴밀한 접촉을 하는 경향이 있기 때문에, 교사들이 부모의 기대를 보다 실제적으로 인식할 것이라고 생각할 수 있다. 현재로서는 직접적인 비교가 불가능하다. 그러나 미국 교사의 역할에 관한 폭넓은 연구에서 비들과 그의 동료들은 교사와 학부모간에는 공통적인 오류가 있었다고 보고했다.

(2) 대중의 교사상

'전형적인 교사'라는 용어에는 일반적으로 교사는 어떤 종류의 사람이라고 간주되는 교사상이 있다는 의미가 내포되어 있다. 이러한 교사상은 어느 면으로 보아도 전혀 이에 부합되지 않는 교사를 알게 되더라도 결코 변하지 않는다. 그는 단지 예외로 간주될 것이므로, 교사상은 변화하지 않을 것이다. 교사는 교사가 아닌 그의 친한 친구들로부터는 별로 특수한 특질이 없는 자라고 간주되지만, 그를 잘 알지 못하는 사람들은 전형적인 교사상에 비추어 그를 대할 것이다.

이와 같은 대중의 교사상은 교사들에게 불쾌감을 주기도 한다. 그 결과 자신이 교사라는 것을 감추려고 애쓰는 경우도 있다(필자가 잘 알던 어떤 교사는 댄스 파티의 파트너에게 자신이 운전사라고 말하는 것을 들은 적이 있다). 교사는 항상 다소간 일반 사람들과 동떨어져 있는 것처럼 보인다. 헤비거스트와 뉴거튼 같은 학자들은 미국의 교사를 '사회학적인 이방인'이라고 설명했다. 왜냐하면 교사는 일반 사회인과 동떨어져 있기 때문이다.

영국의 교사를 사회학적인 이방인이라고 부르는 것은

정당화될 수 없다. 왜냐하면 그들은 학교에서부터 벗어나서 여러 가지 서로 다른 직업을 갖고 있는 사람들과 교제를 하면서 살려고 하기 때문이다. 여가 시간에 교사들이 행하고 있는 지역사회에서의 역할을 연구한 경우가 미국에서 있었다. 그러나 영국에서는 그러한 연구가 전혀 없다. 교사는 교회에 나가거나 지역의 일에 참여한다는 점에서 다른 중류계층의 사람들과 다른 것이 없는 것처럼 보인다.

그러나, 영국에서 대중이 생각하는 교사의 모습은 유식하고 진지하며 도덕적으로 나무랄 데가 없는 사람이다. 그는 사회의 대중들에게 복합적인 측면으로 생각하고 있다. 존경은 조소와 혼합되어 있고, 공포는 애정과 혼합되어 있고, 존경은 경멸과 혼합되어 있다. 이와 같은 생각은 장차 교사가 되려는 자들이 교직을 바람직한 직업이라고 간주할 수 있는 정도나 그들 자신이 생각하는 교사상의 형성에 큰 영향을 준다. 여러 가지 측면에서 교사는 중간계층의 지위에 있다는 사실에 의해서 설명될 수도 있다.

교사는 어른의 세계와 어린이의 세계의 중간에 위치하고 있다. 이러한 이유 때문에, 교사는 '어린이들 가운데 있는 어른이며 어른들 가운데 있는 어린이'라는 말이 생겼다. 미혼 여교사는 학생들을 통해서 모성적(母性的)인 만족을 구한다는 견해가 있다(여교사들은 결혼을 할 수 있다는 사실에 의해서도 이 견해는 그렇게 바뀌지 않고 있는 것처럼 보인다). 학생과 지나치게 동일시되어 대부분의 여가 시간을 학생들과 함께 보내는 교사들도 있지만, 대다수의 교사들은 다양한 활동을 한다. 가르치는 데 있어서 '유희'적인 요소가 있기 때문에 '성인들 가운데 있는 어린이'라는 말이 생겼다. 평화 시에도 전쟁놀이를 하는 데에 많은 시간을 소비하는 군인이나 전문적인 운동선수의 모습이 바뀌는 것은 아니다.

교사는 현실세계와 이상적인 세계의 중간에 있다. 월러는 학교를 '미덕의 박물관'이라고 불렀다. 왜냐하면 학교는 실사회에서 작용되고 있지 않는 가치를 전달하는 기능을 가지고 있다고 사람들이 생각하고 있기 때문이다. 부모들의 생각은 다음과 같다.

"나는 이와 같은 미덕들을 가지고 있지는 못하지만 자식들은 이것들을 가졌으면 좋겠다. 그러므로 학교의 임무는 이와 같은 미덕을 전달하는 것이고, 교사의 역할은 이러한 미덕을 실현하는 것이다."

아동에 대한 부모의 권고는 "내가 말한 대로 행동하라"는 것이다. 그러나 교사의 권고는 "내가 행동한 것처럼 행동하라" 혹은 "나와 같은 사람이 되라"는 것을 부모들이 기대하고 있다. 또한 교사는 이와 같은 미덕을 학교 안에서뿐만 아니라 밖에서도 보여주기를 기대 받고 있다.

교사의 역할은 흔히 노동의 세계와 비노동의 세계의 중간에 있다고 간주되고 있다. 교사는 공업과 상업활동에 참여하고 있지 않기 때문에 사람들은 흔히 노동을 하고 있다고 생각하지 않는다. 그의 임무란 아동이 노동을 할 수 있도록 준비시키는 데 있다고 사람들은 생각한다. 이와 같은 견해는 모든 봉사직에 대한 일반적인 견해가 아니다 (예컨대, 간호사는 이와 같이 간주되고 있지 않다). 그러나 어른들보다는 어린아이와 함께 활동한다는 사실과 교사의 근무 시간 때문에 이와 같은 견해가 생긴 것이다. 부모들은 흔히 한 학생이 공부를 열심히 한다고 말할 뿐이지 40명이나 되는 학급이 어떻게 운영되고 있는지에 관해서는 별로 생각하지 않는 경향이 있다.

이와 같은 생각을 갖는 또 다른 요인은 교사란 실제 노동시장에 고용될 수 있는 기술을 갖고 있지 못하다는 일반적인 소견 때문이다. 이와 같은 소견은 쇼우의 유명한 풍자시(諷刺詩)에 잘 나타나 있다. 즉, "할 수 없는 자가 가르친다." "사범대학에 입학하는 사람들이 가르친다. 왜냐하면 그들은 다른 대학에 입학할 수 없기 때문이다."

또한 대학을 졸업한 자가 가르치는 경우도 있다. 왜냐하면 그들은 다른 직업을 구할 수 없었기 때문이다. 이와 같은 견해는 전혀 근거가 없는 것은 아니다. 영국에서 대학을 졸업한 사람이 교사라는 직업을 이차적으로 선택했다는 사실을 밝힌 체계적인 연구는 아직까지도 없지만 코프는 독일에서 대학을 졸업한 후 교사가 된 사람 중 상당수는 이차적으로 교직을 선택한 자들이라는 사실을 밝혔다.

기어는 미국에서 교직과정을 이수하고 있는 학생들은 다른 직업을 선택할 수 없는 경우를 대비해서 '보험'을 드는 것과 같은 이유 때문에 이수하고 있다는 사실을 밝힌 적이 있다. 물론 이러한 연구 중 어느 연구도 교사로서의 능력에 관해서는 언급하고 있지 않다.

코프는 교사의 역할이 학자와 일반인의 중간적인 위치에 있다는 점에 주목을 했다. 역사를 가르치는 교사는 역사 교사이지 역사가는 아니다. 일반적으로 그들은 역사를 기술하거나, 역사를 연구하지는 않는다. 심지어 연구하거나 기술한다고 하더라도 그들의 일차적인 역할은 교사이기 때문이다. 그러나 내학의 역사학 교수는 교사라기보다는 역사가로 간주되고 있다.

우리나라에서 대학의 교수와 하급학교의 교사는 명확히 구분되어 있다. 일선 학교의 교사가 대학교수로 들어가는 경우는 교육학을 제외하고는 거의 없다. 중등학교의 역사 교사는, 그의 학위나 역사가로서의 능력이 아무리 있다고 하더라도, 다른 사람의 생각을 전달하는 사람으로 간주된다. 이와 같은 경향이 일반적이다. 그러나 구분은 독창적인 사고를 막는 인위적인 구분에 불과하다. 중등학교와 대학간의 엄격한 구분은 다른 몇몇 유럽의 국가들과 비교해 볼 때 영국이 가장 심하다.

(3) 교사와 부모간의 관계

아마도 영국인들이 생각하는 교사상은 일반적으로 고정적이고 판에 박은 것 같이 생각된다. 왜냐하면 교사와 대중이 서로 접촉할 수 있는 기회가 적기 때문에 학교와 교사에 대해서 유아적(幼兒的)인 견해를 갖고 있기 때문이다. 교사와 같은 지역에서 살지 않으려고 하는 노동자계급의 학부형들이 교사와 상호작용을 할 수 있는 가능성이 가장 많다. 그러나 부모와 교사간의 상호작용은 매우 제한되어 있다. 만일 부모가 자녀의 행동이나 학교의 발전과 관련된 문제로 학교를 방문한다고 하더라도 부모들은 단지 교장만을 만나는 경향이 있다. 만일 부모가 전시회나 연주회 때문에 학교에 갈 경우, 부모는 이를 담당하는 교사만을 만난다. 만일 담임교사와 자녀에 관해서 논의를 한다고 하더라도 보통 면담시간은 10분 정도이다.

부모와 자녀간의 역할관계는 미묘하며 갈등 상황이 야기되기도 한다. 부모와 상호 의견을 교환하는 교사의 목적은 교사 자신이 수행하고 있는 목표에 도달하기 위해서 부모에게 협조를 구하는 데 있다. 그러나 이러한 목표는 성취되기가 어렵다. 왜냐하면 교사의 역할에 대한 부모의 생각은 학생의 능력이나 사회계층과 같은 요인에 따라서 매우 다양하기 때문이다. 또한 교사는 그가 무엇을 이룩하려고 하는지에 대해서 서로 의견의 일치를 보지 못하고 있기 때문이기도 하다.

하류계층의 부모가 교사와 상호작용을 한다고 하더라도, 서로 적대감을 갖고 있을 경우도 있다. 아마도 그는 학교 교육에 실패를 했을 경우도 있고, 이러한 결과는 학교와 교사에 대한 자기 나름대로의 견해를 형성한다. 그는 학교를 적대적(敵對的)이고 금지적(禁止的)인 기관으로 생각할 수도 있고, 교사를 사회적인 우월자 혹은 지나치게 원칙적인 인간으로 간주할 수도 있다. 그는 호전적으로 반응하든, 방어적으로 반응을 하든 간에, 교사가 그러한 상황 하에서 그렇게 짧은 시간 동안에 자신이 가족과 학생의 편에 서 있다는 점을 이해시키기는 어렵다. 사실, 그는 우월한 지위에서 그 가정의 생활방식이나 가치관을 명백하게 혹은 은연중에 비판할는지도 모른다. 그러나 교사가 부모와 허심탄회하게 접촉을 한다고 하더라도, 그가 사용하는 언어 때문에 장애가 생긴다. 왜냐하면 교사의 언어는 대중적이라기보다는 형식적인 경향이 있기 때문에 사회적인 거리감을 줄 수 있다. 만일 그의 역할 수행이 '보편적' '특수적' 혹은 '감정적'인 중립의 태도를 띠고 있다고 특징 지워진다고 하더라도 결과는 마찬가지이다. 중류계층의 부모와 교사간의 관계는 "동일한 언어를 사용한다."는 점에서 훨씬 용이하다. 그러나 중류계층의 부모가 교사를 동등하게 혹은 열등하게 생각하고 있다면 이러한 관계에는 항상 문제가 생기게 된다.

아동의 능력·동기·행동·교육적 요구에 대해서 교사와 부모가 서로 의견이 일치할 경우, 양자의 관계는 교사에게 거의 문제를 야기하지는 않을 것이다. 그러나 이러한 문제에 관해서 의견의 차이가 존재하는 한, 교사는 역할 갈등을 겪게 된다. 그는 부모의 요구나 소망보다는 어느 정도 자신의 전문적인 판단이 중요한 것인지를 결정해야만 한다.

대체로 영국의 교사들은 부모들의 소망에 주의를 기울이기보다는 자신의 전문적인 판단에 더 많이 관심을 기울여왔다는 것도 사실이다. 그러나 오늘날 교사는 아동의 가정환경을 잘 모르고서는 이와 같은 판단을 내릴 수 없게 되었다. 현재까지도 가정과 긴밀한 유대관계를 맺을 수 있을 정도로 교사의 역할은 확대되어야 할 것이라는 생각은, 교육학도나 대학교 교사와 교사들에 의해서 단지 인정되고 있는 실정이다. 그러나 교사는, 교사의 역할을 재정립하거나 가정과 학교가 유대관계를 유지할 수 있는 특별한 역할을 부여함으로써, 가정과 더욱 더 긴밀한 관계를 조성해야 한다는 생각이 고조되고 있다. 학교 안에서 보조교사와 같은 역할을 수행함으로써 부모는 교육활동에 적극적으로 참여해야 한다는 생각이 미국에서는 고조되고 있다. 이렇게 함으로써 지역사회의 의견을 교사에게 제시할 수 있을 것이며 학생의 사회적 활동에 도움을 줄 수 있다.

이와 같은 변화는 교사의 전문적인 지위에 상당한 의미를 부여해 줄 수 있다. 전문가는 내담자(來談者)를 상담하게 되면 내담자의 욕구를 이해할 수 있다. 그러나 전문가의 행동은 전문적인 지식에 의해서 결정되어야 한다. 그는 내담자에 대해서 상대적으로 우세해질 수 있다. 왜냐하면 의학·법학·건축에 관한 지식은 매우 제한적이기 때문이다. 학부모와 긴밀한 관계를 유지함으로써 교사는 학생의 특수한 요구에 주의를 더 많이 기울일 수 있을 것이다. 그러나 부모들은, 예컨대 적절한 치료방법에 관한 지식보다는 교수방법에 관한 지식에 대해서 일반적으로 더 많이 알고 있다고 생각하고 있기 때문에 교사는 자신의 전문성을 보호하고, 보통사람들이 잘 알고 있지 못한 실제적인 기술의 이론적 기초를 갖추도록 주의를 기울여야 할 것이다. 다음 장에서는 전문인으로서의 교사라는 문제를 살펴보기로 하자.

(4) 결론

영국의 교사는 지역사회와 비교적 격리되어 있다. 이러한 상황 때문에 교사는 부당한 부모의 압력으로부터 보호되고 있다. 그러나 또한 이런 상황 때문에 지역사회에서 특권이 적은 교사를 일반적으로 전형적인 교사상으로 생각하고 있기도 하다. 그러나 학생의 요구나 특수한 문제를 해결하기 위해서 교사는 가정과 긴밀한 관계를 유지해야 한다는 생각이 고조되고 있다. 그러나 이와 같은 관계를 수립해 나가는 과정에서 교사의 전문적인 역할은 어느 정도 압력을 받게 될는지도 모른다.

제6장

전문가로서의
교사

전문가로서의 교사

교사의 지위·자존심, 그리고 역할 수행의 방법은 교직의 사회적 지위에 의해서 결정된다. 사실상 일반적으로 대다수의 사람들이 교직을 전문직이라고 말하고 있다. 이 문제는 그렇게 간단하게 분류될 성질의 것은 아니다. 이 문제는 직업상 높이 평가되고 있는 의사·변호사·치과의사·건축가 등과 같이 교사가 사회적으로 높은 지위를 누리고 있느냐와 관계있는 문제이다. 그러므로 우리는 전문직의 기준을 마련하여 교사가 이러한 기준에 충족되는가를 살피고, 교직이 전문직으로 발전되는 데 방해가 되는 요인을 고찰하고자 한다.

(1) 전문직의 기준

먼저 주목해야 할 점은 '전문'이란 용어는 명확한 기술적 개념이 아니라 평가적 개념이다. 허그스가 지적한 것처럼 전문이란 용어는 자기 자신이나 자신의 일에 대한 소망을 상징하는 것이다. 가장 특권이 많은 직업을 전문직이라고 하기 때문에 전문직은 낮은 관심을 보이는 직업에 대치되는 직업이다. 그러므로 전문직이라고 부를 수 있는 직업은 일반적으로 널리 인정되고 있는 직업에서부터 단지 몇 사람만이 할 수 있는 직업에 이르기까지 다양하다.

전문직이라고 규정하기 위한 기준에 관한 연구는 50년 전부터 추진되어 왔지만, 보편적으로 인정할 수 있는 기준을 만들지는 못했다. 기준에 관해서 일반적으로 인정하고 있는 점도 있지만, 서로 의견을 달리하는 면도 많다.

『전문직으로서의 교사』라는 리버맨의 책에서 그는 전문성의 부적합한 기준이 아니라 복합적인 특성을 중심으로 8가지의 기준을 제시했다.

다음의 기준은 리버맨의 기준과 비슷하지만 재고해 볼 필요가 있다.

① 전문직은 근본적으로 사회적인 봉사를 한다.

교육이 이 기준을 충족시킨다는 것은 의심할 여지가 없다. 교육이 수행하는 봉사는 산업사회에서 완전하게 사회화되지 못한 아동과 관계가 있다. 또한 사회화된 성인뿐만 아니라 고도의 기술을 요하는 직업적인 역할을 준비시키는 것과 관계가 있다.

② 전문적인 체계적인 지식에 기초를 두고 있다.

다시 말해서 전문직은 기술을 사용하는 것뿐만 아니라 지적인 기반 위에서 얻게 되는 기술과 관계가 있다. 교사의 지적인 기초란 교재(敎材)에 관한 지식과 교육이론에 관한 지식을 포함한다. 교육은 교재를 구성한다는 점에서 다른 전문직과 다르다. 그러나 교사가 필요한 이론적인 지식은 의사에게 필요한 지식과 같은 기능을 한다.

의학과 교육은 모두가 일차적인 학문을 통해서 정보를 얻는 이차적인 학문이다. 의학의 경우 일차적인 학문에는 해부학·생리학·생물학 등이 있다. 교육학의 경우, 일차적인 학문에는 철학·사회학·심리학이 있다. 그러므로 교육은 이와 같은 특수한 전문성의 기준에 부합되는 것 같다. 물론 아직까지도 교육이라고 불리는 명확한 형태의 지식계가 있다는 것을 부정하는 사람들도 있기는 하다. 또한 오늘날 대학교를 졸업한 사람이 실제적인 혹은 이론적인 훈련을 받지 않더라도 유자격 교사로 인정하고 있기도 하다.

③ 전문직은 상당한 기간 동안 학문적이거나 실제적인 훈련을 필요로 한다.

교사는 이와 같은 기준에 부합된다. 그러나 교사의 훈련 기간은 의사·변호사·건축가 등의 훈련 기간보다 짧다. 게다가 교육이론에 관한 연구와 실제적인 교수활동 간의 적절한 균형의 문제는 아직도 불확실하다. 자격증을 받기 위해서 교직과정을 이수한 학생은 사범대학에 다니는 학생보다 교육이론에 관해서 연구할 시간이 훨씬 적다. 그러나 사범대학에서의 교재연구는 아직까지도 개인이 교육을 실천하는 데 기여한다기보다는 교수방법 연구에 치중하고 있다.

④ 전문직은 자율성을 가지고 있다.

전문적인 자율성이라는 개념에는 두 가지 서로 다른 요인이 내포되어 있다. 학생의 관심에 따라서 교사가 결정

을 내릴 수 있는 자율성과 수업의 운영방법에 관해서 결정
할 수 있는 자율성이 있다. 개개의 교사들은 학생을 다루
는 데 있어서 자율성을 갖는다. 그러나 이와 같은 자율성
은 교장이나 장학사에 의해서 조정된다. 교사가 어느 정
도 자율성을 갖고 있는가 하는 문제는 자율성이라는 용어
를 어떻게 정의하느냐에 따라서 결정된다. 더 논의를 해
보아야 할 점은 교사의 활동을 조정하는 사람이 일반인이
아니라 주로 교육자라는 점이다. 그러므로 어느 정도 교
사는 개인의 자율성이라는 조건에 부합된다.

일반적으로 전문직은 그 일의 기능을 궁극적으로 통제
하고 스스로 관리된다면 자율적이다. 의학은 영국 의학협
회를 통해서 스스로 관리하고 있고 법은 법학회를 통해서
조정되고 있다. 이와 같은 전문적인 협회는 자격증을 발
급하거나 비행에 대해서 제재(制裁)를 가한다. 또한 이들은
보건(保健)이나 법의 문제에 관한 국가의 정책에 지대한 영
향을 주고 있다.

교직은 오래 전부터 희망해 왔지만 아직도 스스로 운영
되지 않고 있다. 교사협회가 전문성을 유지하려는 목적으
로 설립되었다. 그러나 개인들이 협회에 등록을 하지 않

고도 교사로서 활동을 할 수 있었기 때문에 이 운동은 매우 비효과적이었다. 그래서 자동적으로 없어지게 되었다. 그러던 중에 교사연맹은 교사를 통제할 수 있는 교직위원회를 만들 것을 제의했다. 그런데 문교부장관인 크로슬랜드는 교사가 부족한 현 실정에서 교사 수급에 차질이 생길 거라고 이를 거부했다. 그래서 교사의 취업은 현재 문교과학국에서 통제하고 있다. 그러나 근본적인 문제는 교사 양성기관이나 교육자에 의해서 결정된다. 교장이나 교육행정가가 결정적인 영향력을 갖고 있다.

교직의 사회적 기능과 운영방식을 규정하기 위해서 교직의 자율성을 논의한다고 하는 문제는 매우 복잡하다. 운영의 면에 있어서 교육제도의 구조는 분명히 정부나 지역의 각 담당기관에 의해서 결정되고 있고 교원연맹은 단지 압력단체에 불과하다. 그러나 교육의 내용은 거의 통제를 받지 않는다. 내용에 관한 결정은 주로 교장이나 교사가 내린다.

전문직은 윤리체계를 가지고 있다. 전문직은 그 직업 나름대로의 명확한 도덕률을 갖고 있다. 이와 같은 도덕률은 교사와 학생간의 효과적인 관계와 밀접한 관계가 있다. 국가 교사위원회는 몇 가지 형태의 규칙을 정하고 있다. 그러나 이와 같은 규칙은 단지 지침서로 사용할 수 있다.

전문직은 현직훈련을 통해서 기술이 성장된다. 전문직은 항상 변화하고 있는 지식과 기술을 기초로 하고 있기 때문에, 현직훈련은 매우 중요하다. 전문직간에 현직훈련을 통해서 성취될 수 있는 발달의 정도를 비교하는 것은 매우 어렵다. 그러나 모든 전문직은 그 나름의 연구방법과 새로운 지식을 전달하는 수단을 가지고 있다.

오늘날 교사의 현직훈련은 상당히 증가되었다. 교육과학국과 대학, 그리고 다른 여러 기관에서 강좌·회의·워크숍 등을 실시했다. 그래서 교사가 참여할 수 있는 기회가 많아졌다. 얼마 안 가서 현직교육에 참여하는 것은 보편화될 것이다. 또한 국가교육연구재단과 그 밖의 다른 기관에서 교육연구를 하고 있고, 교사를 위한 교육과정을 개발하고 있다. 이와 같은 활동 때문에 심리학·사회학·철학, 그리고 교육과정에 관한 연구내용을 가르치는 것이 중요하다고 생각하게 되었다.

교육은 앞에서 논의한 전문직의 기준에 부합되는 것처럼 보인다. 그러나 법이나 의학과 같은 전문직보다 뒤떨어져 있다. 또한 각각의 전문직이 변모되고 있다는 점에 주목해야 할 것이다. 대다수의 전문직 종사자들은 조직 속에서 일하고 있고 관료적인 통제를 받고 있다. 그 결과 전문직의 임무수행은 대중의 통제를 받게 되었다. 교사가 지위를 높이려는 노력은 몇 가지 방향에서 생각할 수 있다. 무엇보다도 자율적인 전문성은 머지않아 실현될 것이다.

(2) 전문적인 지위의 장해요인

교사는 전문직의 기준에 부분적으로 충족되는 것이지 완전히 부합되는 것은 아니기 때문에 전문직으로서 성장하는데 방해가 되는 몇 가지 요인을 생각해 볼 필요가 있다.

전문직에 들어가는 사람의 사회적 배경

전문직의 지위는 어느 정도는 전문직에 들어가는 사람의 사회적 배경의 영향을 받는다. 일반적으로 전문직을 가지려는 사람의 사회적 지위가 높으면 높을수록 그 전문직의 지위는 그만큼 높아진다. 물론 전문직의 지위가 높을수록 높은 사회적 지위를 갖고 있는 사람들이 그만큼 더욱 매력을 느낄 것이다. 교사가 되는 것은 똑똑한 노동자 계급의 인간이 사회적으로 상승이동을 할 수 있는 수단이었다. 그러나 한 연구를 통해서 보면, 제2차 세계대전 동안 노동자 계급출신 교사의 비율은 초등학교의 경우 감소되었다. 그러나 상황의 변천에 따라서 생긴 새로운 요인 때문에 교사가 되려는 사람의 수가 증가되고 있다. 똑똑한 노동자계급 출신의 학생이 전문직을 찾는 태도는 다음과 같은 증거를 통해서 알 수 있다.

만일 단순히 시험결과를 기초로 똑똑한 아이들만 받아들여서 중류계층 학생의 비율이 감소된다면 의학은 말할 수 없이 손해를 볼 것이다.

과거 교직은 특권보다는 능력을 중시해 왔다. 그러나 귀속사회에서부터 성취사회로 변화됨에 따라서 이와 같은 사회적인 장벽은 낮아질 것이다. 교직이 어떻게 변화될 것인지를 예측하기는 어렵다.

남성과 여성간의 균형

남교사보다도 여교사가 훨씬 많다. 몇 년 교직생활을 하다가 그만두는 여교사가 있음에도 불구하고 여교사의 비율은 60%나 된다. 19세기 이후 여성의 사회적 지위가 계속적으로 향상되고 있기는 하지만 여교사가 우세하다는 것은 지위를 저하시키는 것 같다. 또한 성차(性差)·지위의 차이를 강조하는 것은 중요하다. 교직은 보통 여성의 직업 가운데서 비교적 높은 지위를 차지하고 있다. 그러나 남성의 입장에서 보면 낮은 지위에 속한다. 그러므로 여교사의 사회적 지위는 남교사의 상대적인 사회적 지위보다 보통 남성들이 참여하는 다른 전문직과 비교해 볼 때 교직의 일반적인 지위는 여성이 우세함으로써 낮아진다. 이러한 견해는 여성의 능력이 남성과 비교해 볼 때 열등하다는 이유 때문은 아니다. 캐플로우가 말한 바와 같은 특수한 조건 때문에, 여성은 고정적인 경향이 있으며 문화적인 관습 때문에 남성보다 우월한 지위에 여성이 임명되는 것을 반대하고 있다.

전문직의 참여

전문직에 종사하는 사람은 임무에 능동적으로 참여한다. 교사의 특권을 높이는 데 방해가 되는 요인은 가르치는 활동에 능동적으로 참여하는 것이 다른 전문직처럼 명확하지가 않다는 점이다. 이와 같은 현상은 몇 가지 요인에서 비롯된 것이다. 이러한 예의 하나는 결혼한 여자가 때때로 휴직(休職)을 하는 것이다. 또 다른 한 가지 이유는 대부분의 대학 졸업자가 교직을 이차적으로 선택한다는 이유이다. 세 번째 요인은 전문직 내에서의 상승이동이 개별적으로 수행된다는 점이다. 메이슨이 행한 미국인에 관한 연구를 통해서 보면 처음에 교사를 선택 했던 사람의 반수 정도는 교직에 5년 이상 머무르려고 하지 않았다.

봉급

전문직의 봉급수준은 부분적으로는 사회에서 받는 존경의 척도이며, 부분적으로는 그 일을 수행하는 데 필요한 기술의 가치를 반영한 것이며 또 한편으로는 그 직업을 갖고 있는 사람이 자신의 이익을 추구할 수 있는 힘을 반영한 것이다. 교사의 경제적인 지위—특히 여교사—는 계속적으로 향상되어 왔지만, 교사는 일반적으로 다른 전문직에서 받는 봉급보다 적은 봉급을 받고 있다. 교사가 임무를 수행하는 데 필요한 지식과 기술이나 교사의 존경에 관해서 균형이 상실되었다는 것은 이미 오래 전부터 지적되어 왔었다. 교사연맹이 오래 전부터 교사의 근무조건과 급료를 개선하기 위해서 투쟁을 해왔고 어느 정도는 성공을 했지만 교사는 아직도 의사와 같은 정도의 권력을 행사할 수 없다. 교사의 봉급을 높이는 데 저해가 되는 요인 가운데 하나는 의사와 법률가의 사회적인 기능이 즉각적이고 명확한 데 반해서 교사의 의무와 기능은 확산적이며 많은 시간을 소비해야만 효과를 발휘할 수 있다는 점이다.

궁극적인 자격의 본질

대다수의 전문직에 종사하는 사람이 얻는 최종학교 졸업장은 지적인 수준을 지시하는 것으로 생각할 수 있다. 현재 대학의 학위를 갖고 있는 교사는 극소수이다. 이러한 요인 때문에 전문직의 지위가 문제되고 있다. 이러한 사실을 감안해서 교원연맹은 오래 전부터 대학을 졸업한 교사가 신규교사로 채용되어야 할 것이라고 주장해 왔다. 그러나 대학에서 받는 교사자격증은 단지 수업을 할 수 있는 능력을 인정한 것에 불과하다고 간주되고 있다는 사실을 감안할 때 개선되는 데는 오랜 시간이 걸릴 것이다.

앞에서 논의한 것을 통해서 볼 때 교직의 지위를 향상하는 데는 많은 어려움이 있는 것처럼 보인다. 교원연맹은 전문직의 직업적인 목적, 예컨대 그 전문직 구성원의 근무

조건 · 봉급 · 지위 · 활동목표 · 사회에 대한 의무와 책임 등과 같은 문제들을 해결하려고 노력하고 있다.

리버맨이 지적했던 것처럼 사회에서 높은 지위를 얻고 있는 전문직에서 활동하는 것이 훨씬 더 편하다. 그리고 개인의 수입이 높으면 높을수록 일에 더욱 더 몰두하는 경향이 있다. 그러나 교원연맹의 당면문제는 사회가 전문직에 보상을 해줄 수 있는 활동을 강조할 것인가 혹은 교육의 사회적인 기능을 높이기 위해서 급료를 높일 것인가 하는 문제에 직면하고 있다. 과거에는 봉사의 목적보다는 직업적인 목표를 강조해 왔다. 그러나 이에 관해서 부작용이 있었다.

한 비평 자는 직업 활동 수준에 기여할 수 있는 책임감을 가지고 행동을 해야 할 것이라고 교원연맹에 제의를 했다. 이와 같은 문제에서 야기된 불확실성은 학교위원회를 설립하려는 데 대한 교원연맹의 반대에서도 쉽게 찾아볼 수 있다. 교육기획에 교사가 직접 참여할 수 있는 기회가 늘어남에 따라서 교원연맹은 봉사의 목적을 더 강조함으로써 전문직의 지위를 개선할 수 있을는지도 모른다.

(3) 교직의 특수한 문화

교사들은 학교에서 그리고 교직단체 안에서 서로 상호
작용을 한다. 이와 같은 상호작용을 통해서 교사는 교사
의 행동을 지배하는 규범이나 기본적인 가치와 같은 독특
한 문화를 형성한다. 이와 같은 문화는 직업적인 결속·
자기존중, 그리고 자기의식의 기초가 된다. 전문직은 그
직업에 종사하는 사람들이 수행하는 과업에 따라서 분류
될 수 있지만 직업의 문화는 서로 통합할 수 있는 기초가
된다. 교직의 문화는 폭넓게 연구된 적이 없다. 그러므로
규명되어야 할 분야가 아직도 많다. 특히 다른 분야간에
공통된 생각이나 통합의 정도에 관해서 보다 많은 연구가
필요하다. 초등교육과 중등교육은 아주 뚜렷한 직업으로
생각할 수 있다.

교사·대학교수·교육행정가·장학사간의 동류의식의
정도를 규명하는 것은 매우 중요하다. 예컨대 한 가지 의
심스러운 점이 있는데 그것은 다른 종류의 학교에서 근무
하는 교사, 즉 가르치는 사람과 행정가 혹은 교육연구가
간의 대립 때문에 전체적인 교육이 저해되는지의 여부이
다. 아마도 교육에 참여하는 사람들을 공통적으로 훈련함

으로써 이와 같은 문제는 극복될 수 있다. 그리고 가르치는 일에 적극적으로 참여할 수 있는 직업구조와 승진기준을 합리화함으로써 극복될 수 있다.

(4) 교수경력

교수경력이라는 개념은 전문직인 역할의 단계를 통해서 개인이 단계가 높아져 가는 과정이나 직업에 참여하는, 혹은 능동적으로 활동하는 것과 관계가 있다. 이와 같은 두 가지 서로 다른 의미를 통해서 가르치는 역할을 수행할 때 생기는 갈등의 이유를 밝힐 수가 있다. 왜냐하면 이 두 가지 의미는 서로 양립될 수 없기 때문이다. 교직에서 상승이동을 하기 위해서 교사는 교실을 떠나서 행정을 맡거나 대학에서 강의를 하거나 장학사가 되거나 연구직에 가는 것이 필요하다.

우리 사회에서 흔히 성공은 직업적인 상승이동이나 급료를 많이 받는 것으로 평가되고 있다. 일반적으로 교사가 교실에서 가르치는 것에서 벗어나려고 하는 것은 그렇게 놀라운 일은 아니다. 왜냐하면 이것은 우리 사회의 핵심적인 성취의 가치와 일치하기 때문이다. 또한 학생들에게 가르치려고 하는 가치와 일치되기 때문이다. 그러나 이와 같은 풍조 때문에 세 가지의 문제가 생긴다. 즉, 첫째 교직내에서 가르치지 않는 사람과 가르치는 사람간의 명확한 구분이 생기고 있다. 둘째, 승진을 하는 한 단계로서 교실에서 가르치는 것으로부터 벗어나려고 하는 교사의 기대는 교실에서 직접 가르치지 않는 지위를 얻었을 때 교육에 대한 애착이 없어질 가능성이 있다. 승진은 입증된 교수 능력에 의해서 결정된다는 점에서 어느 정도 안심할 수는 있다. 그러나 승진의 기준은 매우 불명료하기 때문에 애착이 감소된다고 하더라도 승진하는 데 그렇게 어렵지는 않다. 셋째로, 유능한 교사가 교실에서부터 벗어나게 될 때 그는 단지 기존의 인습에 따라서 행동할 가능성이 있다. 그는 자신의 역할을 수행하면서 죄책감을 느낄 수도 있고 좌절감을 맛볼 수도 있다. 이와 같은 문제들은 물론 완전하게 극복할 수는 없다. 그러나 근본적인 문제들은 교사의 경력구조를 개선함으로써 해결할 수도 있다. 즉, 교실 안에서의 경력구조와 제반경력을 균등하게 만드는 것이 선결조건이다.

(5) 결론

'전문'이란 용어는 분석적이라기보다는 상징적이며 사회봉사적인 의미가 내포되어 있다. 또한 직업이 바라는 특권이나 권리를 의미한다. 그러나 우리는 일반적으로 인정되고 있는 선분성의 기준에 비추어 봄으로써 직업의 사회적인 지위를 알 수 있다. 교직은 부분적으로는 일반적으로 인정되고 있는 전문직의 기준에 부합된다. 그러나 완전하게 부합되는 것은 아니다. 아직도 완전한 전문적인 지위를 성취하는 데는 많은 장애가 있다. 그렇지만 봉사의 목표에 더 주력함으로써 교직은 사회적 지위를 개선할 수 있으며 사회적 지위를 개선함으로써 교육정책을 수립하는 데 더 큰 영향력을 발휘할 수가 있다. 이와 같은 영향력은 교직이 기보다 공통적인 가치를 발전시킬 수 있게된다면 더욱 더 강화될 것이다. 그러나 경력구조 · 봉급구조 · 승진기준 · 훈련방법 등을 재고(再考)해야만 이러한 상황에 접할 수 있을 것이다.

후기(後記)

　이 책은 한 영국 교사의 전형적인 역할을 논의했다. 그러나 교육이나 사회는 대체로 많은 변화가 일어나고 있으며, 역할을 다시 정의해야만 하게 되었다. 여기에 제시한 모습은 몇 년이 지나면 낡은 것이 될 것이라고 예상할 수도 있다.

　학교는 내적인 구조에 있어서 급격하게 변모되고 있다. 특히 많은 학교들에서 학급의 적정규모에 관해서 실험을 하고 있으며, 팀티칭을 사용하고 있다. 몇몇 혁신적인 신설 학교들은 이와 같은 융통성을 고려하여 계획을 수립하고 있다. 그러므로 한 명의 교사가 학생수가 약 35명 정도되는 학급을 운영해 나가는 것은 얼마 안 가서 아주 낡은 방법이 될 것이다. 이와 같은 변화 때문에 교사들 간의 협력이 더욱 필요하게 될 것이며 학급의 지배자로 교사를 생각하는 것은 재고되어야 할 것이다. 또한 교사의 자율성은 다른 교사와 조화를 이룬다는 관점에서 약간의 희생을 감수해야 할 것이다. 소외된 지역에 위치하고 있는 학교에 실제직인 영향을 주기 위해서, 교사는 일개인으로서가 아니라 지도자로서 훈련을 받아야 한다.

새로운 교수방법과 '개방적인' 교육과정에 대한 새로운 접근방법 때문에 교사와 학급의 규모간의 관계는 필연적으로 변모되게 되었다. 학습이 점점 더 개별화됨에 따라서, 교사는 교실이라는 '무대'의 중앙에서 가장자리로 옮겨갈 것이며, 가르치는 것보다도 배우는 것이 더 강조되게 될 것이다. 교사의 기술은 '낭송(朗誦)'에서 벗어나 학습과정을 계획하는 방향으로 발전하게 될 것이다.

교사의 역할이 변모됨에 따라서 상담자·사회사업가·교육과정 개발의 지도자와 같은 역할이 생기고 있다. 이와 같은 역할의 효과는 교사가 수행해야 할 다른 역할들과 조화를 이룰 수 있는 능력에 의해서 결정된다는 사실은 명백하다. 전통적인 교사 본연의 역할은 가정과의 긴밀한 관계를 필요로 한다.

베른슈타인은 이러한 변화를 다음과 같이 설명했다.

"미리 정해져 있는 역할(정해진 의무를 한 단계씩 수행한다는
의미)에서부터 다른 교사들과의 관계 속에서 이룩되는 역
할로 변모되었다. 이미 만들어져 있는 역할이 아니라 교
사 스스로가 만들어 낸 역할인 것이다."

이와 같은 변화 때문에 여러 가지의 불확실성과 불안
이 야기될 것이다. 그러므로 불안을 없애기 위해서 교사
는 사회적인 지위를 높여야 하며 자신감을 가져야 할 것이
다.

중요 관계문헌

교사의 역할을 논의한 저서나 논문에 관한 참고문헌을 제시한다. 참고문헌은 보다 깊은 연구를 하기 위한 지침으로 사용될 수 있다. 다음에 교사의 역할에 관한 중요한 문헌들을 추천하고자 한다.

이 문제를 재음미한 논문으로서는 『Educational Re-search』에 수록되어 있는 웨스트우드(L. J. Westwood)의 〈교사의 역할(The role of the teacher)〉이란 글이 있다. 현대 사회에서의 교사의 역할을 이해하고자 한다면, 『British Journal of Sociology』에 수록되어 있는 윌슨(B. Wilson)의 〈교사의 역할(The role of the teacher)〉이란 글과, 『British Journal of Sociology』에 게재되어 있는 플라우드(J. Floud)

의 〈풍요한 사회의 교사(The teacher in affluent society)』와
『Yearbook of Education』에 수록되어 있는 콥(J. Kob)의
〈산업사회에서의 교사(The teacher in industrial society)〉라는
논문을 특히 참조하면 좋을 것이다. 비록 미국의 학교를
중심으로 쓴 책이긴 하지만, 월러(Willard Waller)가 쓴 『교수
의 사회학(The Sociology of Teaching)』이라는 책은 현대 교사
의 역할을 이해하는 데 필요한 내용을 많이 지니고 있다.

교사의 지위는 다음과 같은 글에서 논의되고 있다. 트로
푸(A. Tropp)가 쓴 『학교 교사(The School Teachers)』, 베론(G.
Baron)과 트로푸(A. Tropp)가 쓴 『영국과 미국 교사(Teachers
in England and America)』, 그리고 테일러(W. Taylor)가 쓴 『모던
스쿨(The Modern School)』과 같은 문헌들이 있다.

영국에서 두 가지의 실험적인 연구가 행해졌었는데 그
것은 다음과 같다.

머스그러브(F. Musgrove)와 테일러(P. Taylor)가 쓴 『교사
의 역할에 관한 교사와 부모의 생각(Teachers' and parents'
conceptions of the teacher's role)(Britich Journal of Educational
Psychology)』과 핀레이슨(D. S. Fin-layson)과 코헨(L. Cohen)이

쓴 『교사의 역할 : 사범대학의 학생과 교사의 생각에 관한 비교 연구(Britich Journal of Educational Psychology)』인 것이다.

교사의 역할 중 전문적인 측면을 포괄적으로 취급한 글로는 리버멘(M. Lieberman)이 쓴 『전문직으로서의 교육(Education as a Profession)』이란 글이 있다. 역할연구의 방법론에 관심이 있는 사람들에게 다음과 같은 책들을 소개한다.

비들(B. Biddle)과 토마스(E. J. Thomas)가 편집한 『역할 이론 : 개념과 연구(Role Theory : Co-ncepts and Research, Wiley)』, 그로스(N. Gr-oss), 메이슨(W. S. Mason), 맥에컨(A. W. McEa-chern)이 쓴 『역할 분석의 이용(Explorations in Role Analysis)』, 그로스(N. Gross)와 헤리오트(R. Herriott)가 쓴 『버플릭 스쿨에서의 직원의 지도(Staff Leadership in the Public School)』, 비들(B. Biddle) 등이 저술한 『퍼블릭 스쿨 교사의 역할에 관한 연구(Studies in the Roleof the Public Sc-hool Teacher)』가 있다.

참고문헌

■ Altman, E., 'The Mature Student Teacher', *New Society* 10(274), 28 December,

■ Bank, Olive., *Parity and Prestige in English Secondary Education*, London: Routledge and Kegan Paul,

■ Bantock, G. H., *Education in an Industrial Society*, London: Faber,

■ ___, *Education and Values*, London: Faber,

■ Baron, G., "Some Aspects of the Headmaster Tradition" *Researches and Studies*, June,

■ ___, "A British View of Brimstone," Teachers' College Record,

■ Baron, G. and Tropp, A., "Teachers in England and America." in Halsey, A. E., Floud, J., and Anderson, C. A. eds. *Education,*

Economy and Society, New York: Free Press,

- Becker, H., "The Teacher in the Authority System of the Public School," in Etzioni, A. ed. *Complex Organizations*: a Sociological Reader, New York: Holt, Rinehart, Winston,

- Bernstein, B., "Social Class and Linguistic Development," in Halsey, A. H., Floud, J., and Anderson, C. A. *Education, Economy and Society*, New York: Free Press,

- ____, "Open Schools, Open Society?" *New Society* 10(259) 14 September,

- Biddle, B. et al, *Studies in the Role of the Public School Teacher*, 5 Vols. Columbia: University of Missouri Press,

- Bidwell, C., "The School as a Formal Organization," in March, J. G., *Handbook of Organizations*, New York: Rand McNally,

- Blyth, W. A. L., *English Primary Education*, 2 Vols. London: Routledge and Kegan Paul,

- Cannon, C., "Some Variations in the Teacher's Role," *Education for Teaching*, May,

- Caplow, T., *The Sociology of Work, Minneapolis*: University of Minnesota Press,

- Clark, B., "The Cooling-out Function in Higher Education," in Halsey, A. H., Floud, J. and Anderson, C. A., *Education, Economy and Society*, New York: Free Press,

- Cohen, A. K., *Delinquent Boys*, London: Routledge and Kegan

Paul,

- Coleman, J. S., *Adolescent Society*, New York: Free Press,

- Corwin, R. G., *A Sociology of Education*, New York: Appleton, Century, Crofts,

- Cotgrove, S., *Technical Education and Social Change*, London: Allen and Unwin,

- Craft, M., Cohen, L. and Raynor, J. eds., *Linking Home and School*, London: Longmans,

- Cunningham, R. et al., *Understanding Group Behavior of Boys and Girls*, New York: Teachers' College, Columbia University,

- Dore, R., *Education in Tokugawa Japan*, London: Routledge and Kegan Paul,

- Douglas, J. W. B., *The Home and the School*, London: MacGibbon and Kee,

- Durkheim, E., *Moral Education*, New York: Free Press,

- Elvin, L., "Comments on the Address given by Mr. D. H. Morrell," *Educational Research*

- Evans, K., *Sociometry and Education*, London: Routledge and Kegan Paul,

- Finlason, D. S. and Cohen, L., "The Teacher's Role: a Comparative Study of the Conceptions of College of Education Students and Head Teacher," *British Journal of Educational*

Psychology February,

- Flanders, N., "Diagnosing and Utilizing Social Structures in Classroom Learning," *in The Dynamics of Instructional Groups*, 59th Yearbook of th National Society for the Study of Education, Chicago: University of Chicago Press,

- Floud. J., "Teaching in the Affluent Society," *British Journal of Sociology*,

- Floud, J. and Halsey, A. H., "Intelligence Tests", Social Class and Selection for Secondary Schools in Halsey, A. H., Floud, J. and Anderson, C. A., *Education, Economy and Society*, New York: Free Press,

- Floud, J., Halsey, A. H. and Martin, F. M., *Social Class and Educational Opportunity*, London: Heinemann,

- Floud, J. and Scott, W., "Recruitment to Teaching in England and Wales," in Halsey A. H., Floud, J. and Anderson, C. A., *Education, Economy and Society*, New York: Free Press,

- Fraser, E. D., *Home Environment and the School*, London: University of London Press,

- Gardner, J. W., *Excellence: Can We Be Equal and Excellent Too?* New York: Harper,

- Geer, B., "Occupational Commitment and the Teaching Profession," *School Review*,

- Getzels, J. and Guba, E. G., "Social Behavior and the Administrative Process," *School Review*,

- Getzels, J. and Thelen. H. A., "The Classroom Group as a Unique Social System," in The Dynamics of Instructional Groups, 59th Yearbook of the National Society for the Study of Education, Chicago: University of Chicago Press,

- Gordon, C. W., "The Sociology of Education," in Kneller, G. F., Foundations of Education, New York: Wiley,

- Gouldner, A. W., "Cosmopolitans and Locals: Towards an Analysis of Latent Social Roles," Administrative Science Quarterly,

- Greenwood, E., "Attributes of a Profession," in Nosow S. and Form, W. H., Man, Work and Society, New York: Basic Books,

- Halpin, A. H., Theory and Research in Administrion, Mew York: Macmillan,

- Halsey, A. H., "The Sociology of Moral Education," in Niblett, W. R. ed., Moral Education in a Changing Society, London: Faber,

- Hans. N., New Trends in Education in the Eighteenth Century, London: Routledge and Kegan Paul,

- Hargreaves, D. H., Social Relations in a Secondary School, London: Routhedge and Kegan Paul,

- Hart, C. W. M., "Contrasts Between Pre-pubertal and Post-pubertal Education," in Spindler, G. ed., Education and Culture, New York: Holt, Rinehart, Winston,

- Havighurst, R. J. and Neugarten, B., Society and Education, 2nd Ed. New York: Allyn and Bacon,

- Hemphill, J. K. and Coons, A. E., "Leader Behavior Description Questionnaire," in Stogdhill, R. M. and Coons, A. E., *Leader Behavior: Its Description and Measurement*, Columbus, Ohio: Ohio State University Press,

- Henry, J., "Docility, Or Giving Teacher What She Wants," *Journal of Social Issues*, 2, 1955.

- H. M. S. O., *Children and their Primary Schools*, London: H. M. S. O,

- Hofstadter, R., *Anit-intellectualism in American Life*, London: Cape,

- Hughes, E. C., *Men and their Work*, Glencoe: Free Press,

- Iannaccone, I., "An Approach to the Informal Organization of the School," *in Behavioral Science and Educational Administration*, 63rd Yearbook of the National Society for the Study of Education, Chicago: University of Chicago Press,

- Jackson, B. and Marsden, D., *Education and the Working Class*, London: Routledge and Kegan Paul,

- Kerr, M., *The People of Ship Street*, London: Routledge and Kegan Paul,

- Kisiel, C. A., "Some Perspectives on the Role of the German Teacher," *School Review*,

- Kob, J., "Definition of the Teacher's Role," in Halsey, A. H., Floud, J. and Anderson, C. A., *Education, Economy and Society*, New York: Free Press,

- Kob, J., "The Teacher in Industrial Society," *Yearbook of Education*, London: Evans,

- Lieberman, M., *Education as a Profession*, Englewood Cliffs, Mew Jersey: Prentice Hall,

- Lipset, S. M., *The First New Nation*, London: Heinemann,

- Marshall, T. H., *Citizenship and Social Class*, London: Cambridge University Press,

- Mason, W. S., Dressel, R. J. and Bain, R. K., "Sex Role and Career Orientation of Beginning Teachers," *Harvard Educational Review*,

- Mead, M., "The School in American Culture," in Halsey, A. H., Floud, J., and Anderson, C. A., *Education, Economy and Society*, Mew York: Free Press,

- Mead, M., "Our Educational Emphases in Primitive Perspective," in Spindler, D. G., *Education and Culture*, New York: Holt, Rinegart, Winston,

- Merton, R. K., "The Role Set," *British Journal of Sociology*,

- Millerson, G., *The Qualifying Associations*, London: Routledge and Kegan Paul,

- Morrell, D., "The Functions of the Teacher in Relation to Research and Development Work in the Area of the Curriculum and Examinations," Educational Research,

- Musgrove, F. and Taylor, P. H., "Teachers' and Parents'

Conception of the Teachers; Role," British Journal of *Educational Psychology*,

- Page, C., "Bureaucracy in Higher Education," *Journal of General Education*,

- Parsons, T., *The Social System*, London: Routledge and Kegan Paul,

- ___, "The School Class as a Social System," in Halsey, A. H., Floud, J. and Anderson, C. A., *Education, Economy and Society*, New York: Free Press,

- ___, Societies: *Evolutionary and Comparative Perspectives*, Englewood Cliffs, New Jersey: Prentice Hall,

- Peters, R. S., *Ethics and Education*, London: Allen and Unwin,

- Phillips, M., *Small Social Groups in Modern England*, London: Allen and Unwin,

- Presthus, R., *The Organizational Society*, New York: Knopf,

- Raison, T., "In Defence of the Professions," *New Society*, August,

- Redl, F. and Wattenberg, W., *Mental Hygiene in Teaching*, New York: Harcourt, Brace,

- Riesman, D., "Teachers as a Counter-Cyclical Infleunce," *School Review*,

- Schelsky, H., "Family and School in Modern Society," in

Galsey, A. H., Floud, J. and Anderson, C. A., *Education, Economy and Society*, New York: Free Press,

- Soles, S., "Teacher Role Expectations and the Organization of the School," *Journal of Educational Research*,

- Spindler, G. D., "The Role of the School Administrator" in Spindler, G. D. ed., *Education and Culture*, New York: Holt, Rinehart, Winston,

- Stones, E., "The Role of the Headteacher in English Education," *Forum*,

- Swift, D. F., "Family Environment and 11+Success; Some Basic Predicators," *British Journal of Educational Psychology*,

- Taylor, W., *The secondary Modern School*, London: Faber,

- ___, "The Use of Simulation in the In-Service Training of Educational Administration in England," *Journal of Educational Administration*,

- Terrien, F. W., "Who Thinks What About Educators?" *American Journal of Sociology*,

- Thelen, H. A., *Dynamics of Groups at Work*, Chicago: University of Chicago Press,

- Turner, R. H., "Modes of Social Ascent Through Education," in Halsey, A. H., Floud, J. and Anderson, C. A., *Education, Economy and Society*, New York: Free Press,

- Waller, W., *The Sociology of Teaching*, New York: Wiley,

- Watkins, M. H., "The West African Bush School," in Spindler, G. D., *Education and Culture*, New York: Holt, Rinehart, Winston,

- Webb, J., "The Sociology of a School," *British Journal of Sociology*,

- Westwood, L. J., "Reassessing the Role of the Head," *Education for Teaching*,

- Wilcox, P., "The School and the Community," *The Record*,

- Wilkinson, A., "English in the Training of Teachers," *Universities Quarterly*,

- Wilkinson, R., *The Prefects*, London: Heinemann,

- Wiiliams, R., *The Long Revolution*, London: Chatto and Windus,

- Wilson, B., "An Approach to Delinquency," *New Society*, February,

- Young, M., *The Rise of the Meritocracy*, London: Macgibbon and Kee,

역자후기

이 책은 영국 맨체스터 대학의 교육학과 교수인 에릭 호일(Eric Hoyle)이 쓴 『교사의 역할(The Role of Teacher, London: Routledge & Kegan Paul)』을 우리말로 완역한 것이다.

에릭 호일은 이 책에서 문화적인 측면에서의 교사의 역할을 원시사회와 산업사회를 중심으로 논의함과 동시에 교사의 역할을 학교와 교실의 구조 속에서 파악하려고 노력하고 있음을 엿볼 수 있다. 뿐만 아니라 교사와 지역사회의 대중(大衆)과의 관계와 전문직으로서의 교사상(教師像)을 정립하려고 애쓰고 있음을 역력히 읽을 수 있다.

이렇듯 교사의 역할을 교육사회학적인 관점에서 명쾌하게 조명하고 또 정립함으로써 영국이라는 사회 속에서 교사가 직면하고 있는 여러 문제점들을 잘도 규명하고 있다.

주지하다시피 교사라는 직(職)은 시대의 변천 또는 사회의 변동에 따라서 그 역할이 점차 다양해져 가고 있고, 또 그 역할 갈등도 더욱 더 심화되어 가고 있다. 교사직에 대한 이러한 경향을 고려할 때, 우리나라 사회에서도 교식에 대한 이와 같은 분석과 연구가 매우 필요하다고 역자는 생각되어 감히 에릭 호일의 『The Role of Teacher』를 우리말로 옮기게 되었던 것이다.

이제 이 역서가 우리나라 각급 학교의 일선 교사들에게는 물론 이 방면을 연구하는 학생들에게 조금이라도 기여가 된다면 역자로서 큰 영광이 아닐 수 없다.

어려운 여건 속에서도 출간을 기꺼이 맡아주신 배영사 사장님을 비롯한 여러 직원들에게 뜨거운 감사를 드린다.

역자